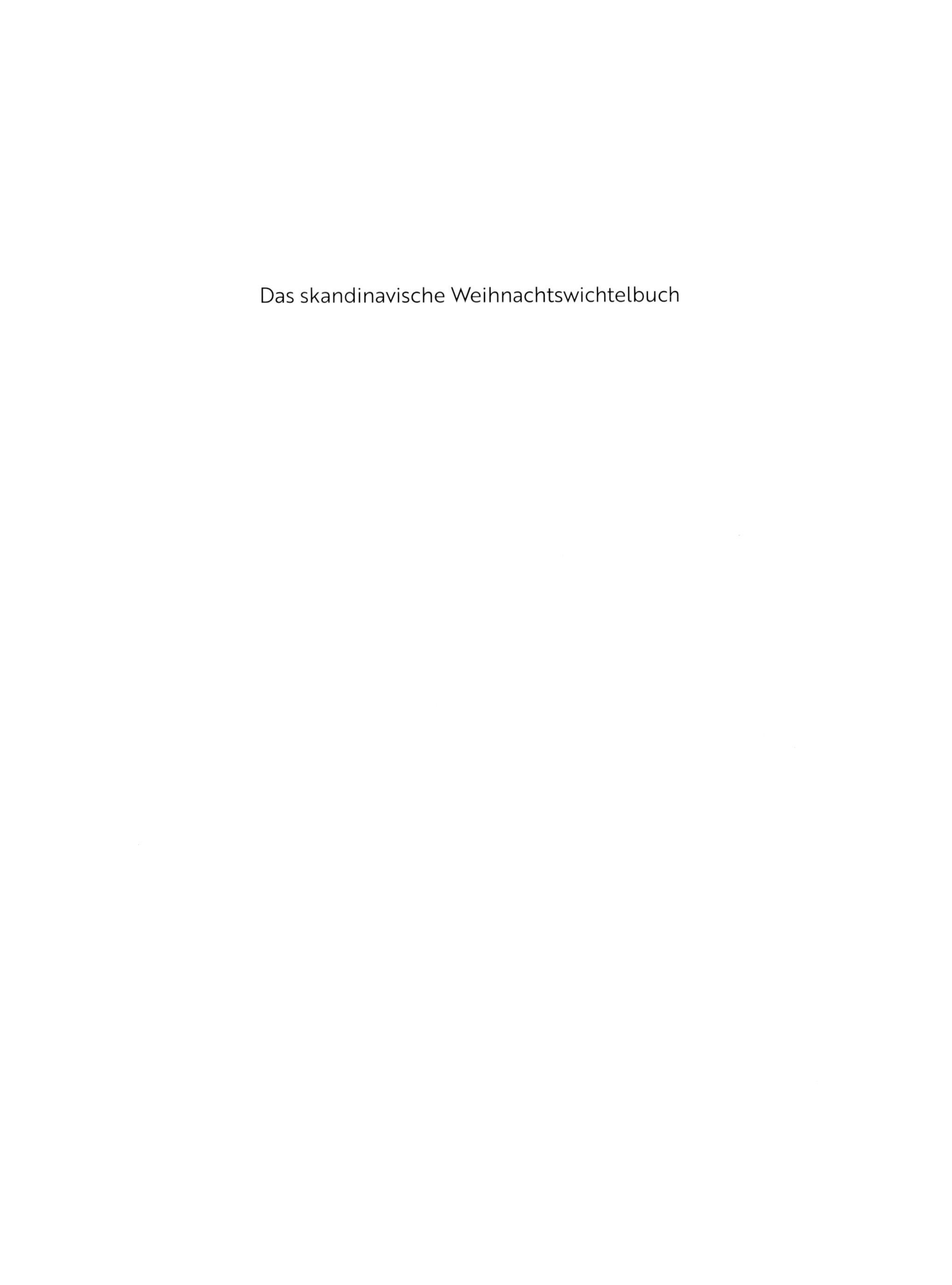

Das skandinavische Weihnachtswichtelbuch

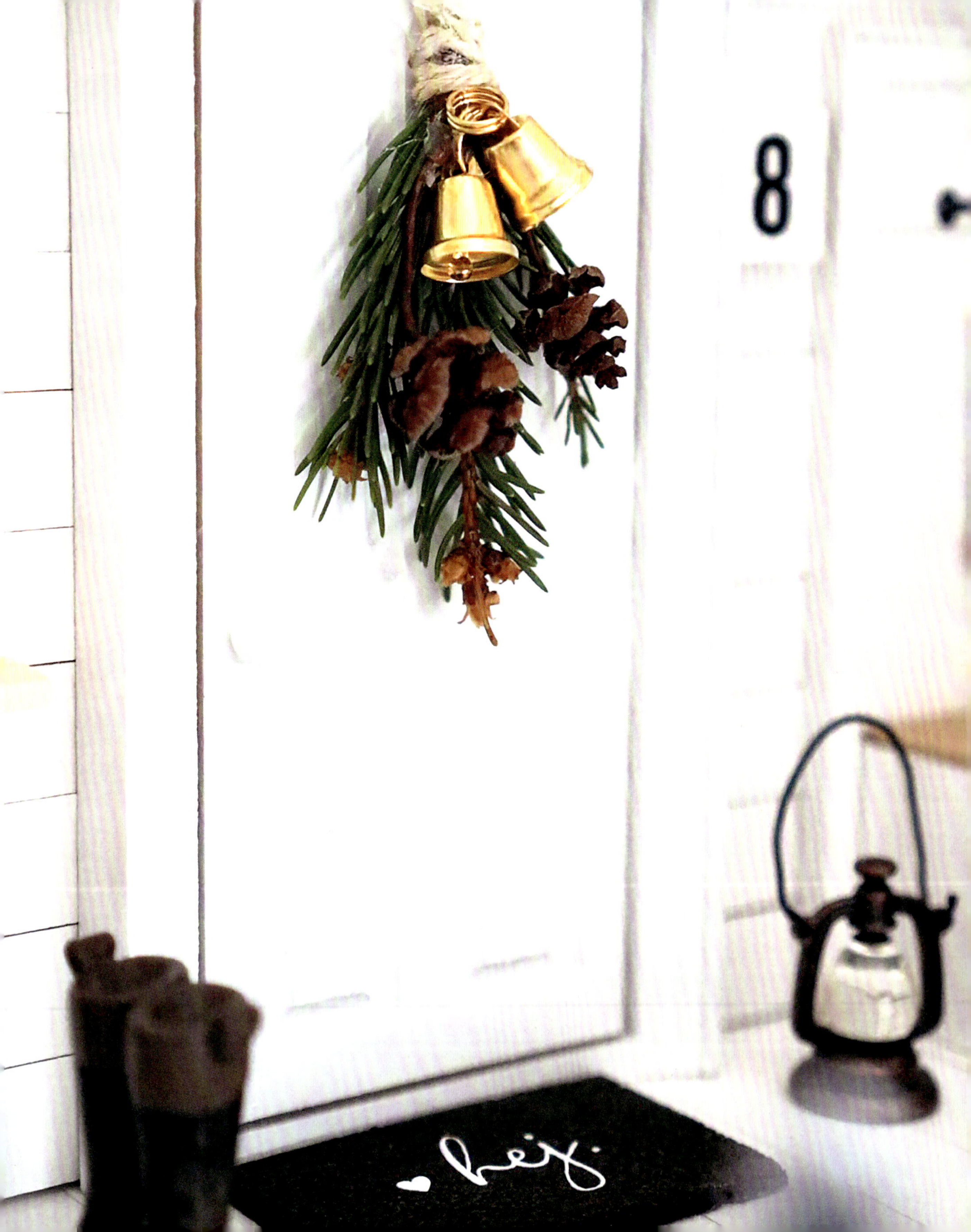
8
hej

hej.wichtelthomes

Marie Krause

Das skandinavische *Weihnachtswichtelbuch*

Zauberhafte Anleitungen, Ideen und
Vorlagen rund um die Wichteltür

INHALT

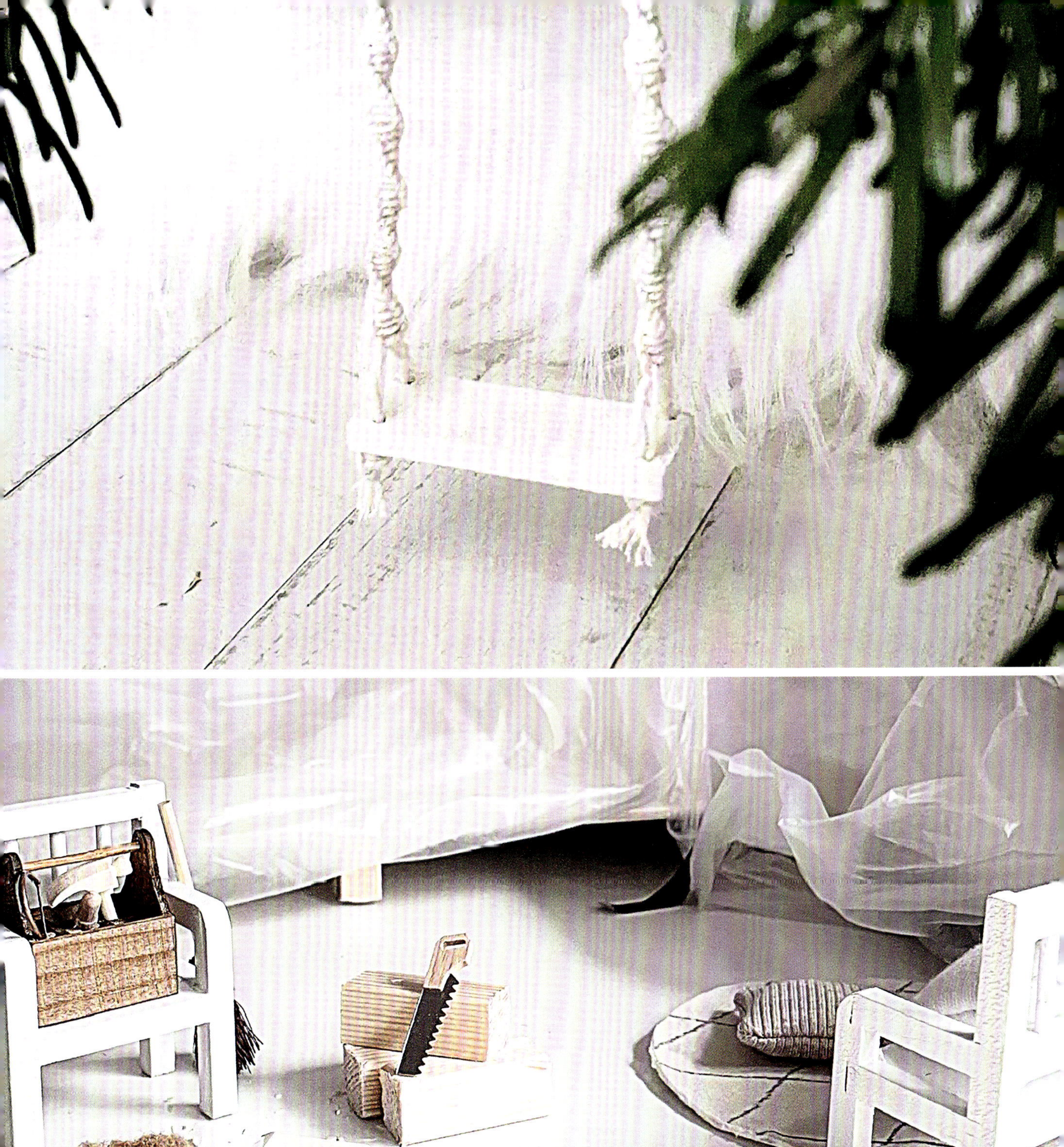

VORWORT

So eine kleine Wichteltür ist wirklich etwas ganz Besonderes, nicht nur für unsere Kleinsten. Ich kann mich noch sehr gut daran erinnern, wie aufgeregt ich selbst war, nur allein bei dem Gedanken, so einen kleinen Hausbewohner bei uns willkommen zu heißen.

Schon bei meiner ersten Ideensammlung passierte ganz viel mit mir, meine eigene Kreativität wurde unglaublich angeregt und die Idee mit einer Wichtelkulisse war geboren. Schnell war klar, dass ich es besonders schön und authentisch finde, wenn sich unser Einrichtungsstil auch bei unserem Wichtel widerspiegelt. Und so habe ich nach und nach versucht, große Dinge in kleine umzusetzen, nordisch und mit einer großen Portion Hygge dabei.

Es hat mir so viel Freude bereitet, unseren Kindern zu ermöglichen, in diese kleine Welt einzutauchen, zu sehen, wie viel Euphorie dieser Wichtel in ihnen auslöste und wie er sie die Zeit bis Weihnachten auf ganz wundersame Weise begleitete.

Mit diesem Buch möchte ich euch Schritt für Schritt mitnehmen, euch inspirieren und zeigen, wie faszinierend einfach es ist, sich diese kleine Welt zu erschaffen, und wie sie sich immer wieder mit wenigen Mitteln verändern lässt. Ich wünsche euch von Herzen ganz viel Freude damit.

Liebe Grüße

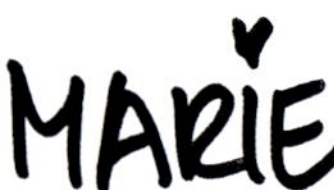

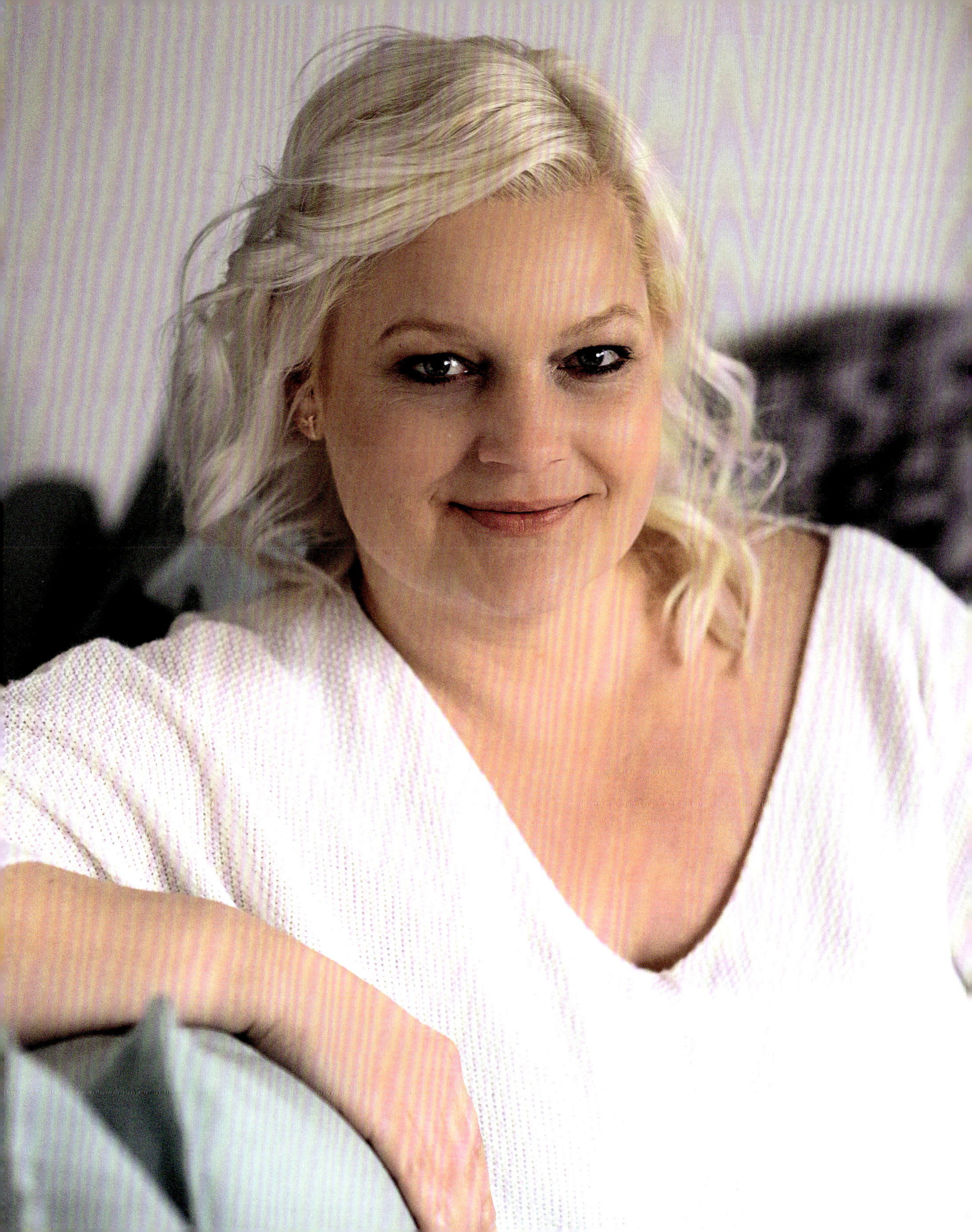

ALLGEMEINES

Bevor es nun so richtig losgeht, möchte ich euch noch ein paar Anregungen mit auf den Weg geben, damit die Wichtelzeit auch für euch eine wunderschöne und ausgeglichene Zeit wird.

- Nichts muss, alles kann. Macht nur das, worauf ihr richtig Lust habt, und nichts aus dem Gefühl heraus, etwas machen zu müssen. Es gibt beim Thema Wichtel kein Richtig oder Falsch, jeder Wichtel ist anders – wie auch jede Familie anders ist.

- Es muss nichts perfekt sein. Auch wenn ich in diesem Buch vieles auf den Millimeter genau angegeben habe, müsst ihr das nicht genauso machen. Manchmal läuft vielleicht auch nicht alles nach Plan. Eure Kinder werden es trotzdem lieben, da sie eine ganz andere Wahrnehmung haben.

- Sammelt schon mal grob, welche Themen, Projekte und Wichtelszenen euch besonders wichtig sind, und bereitet diese vor. Plant nicht zu genau, damit ihr für spontane Ideen noch Luft habt. Ich hatte anfangs für jeden Tag schon etwas vorgesehen, was mir dann aber zu unflexibel erschien. Es gab mir eher das Gefühl, festgefahren zu sein, nicht alles umsetzen zu können, was ich machen wollte. Viel besser ist es, situativ zu handeln.

- Nutzt für spontane Einfälle die Notizfunktion in eurem Smartphone. So könnt ihr später noch mal nachsehen, ohne vielleicht einer besonders schönen Idee nachtrauern zu müssen, die ihr vergessen habt. Auch Screenshots zu machen und sie in ein Album abzulegen kann ich euch sehr ans Herz legen. Das geht schnell und bietet euch nachher eine umfangreiche Sammlung zum Stöbern.

- Fangt möglichst frühzeitig an, wenn ihr viel bauen möchtet. Mir ist es nämlich passiert, dass ich nach Einzug des Wichtels mit dem Bauen noch einmal neu starten musste. So saß ich oft bis tief in die Nacht hinein über meiner Bastelarbeit. Und obwohl es Spaß gemacht hat, war es doch gerade in der Vorweihnachtszeit sehr stressig.

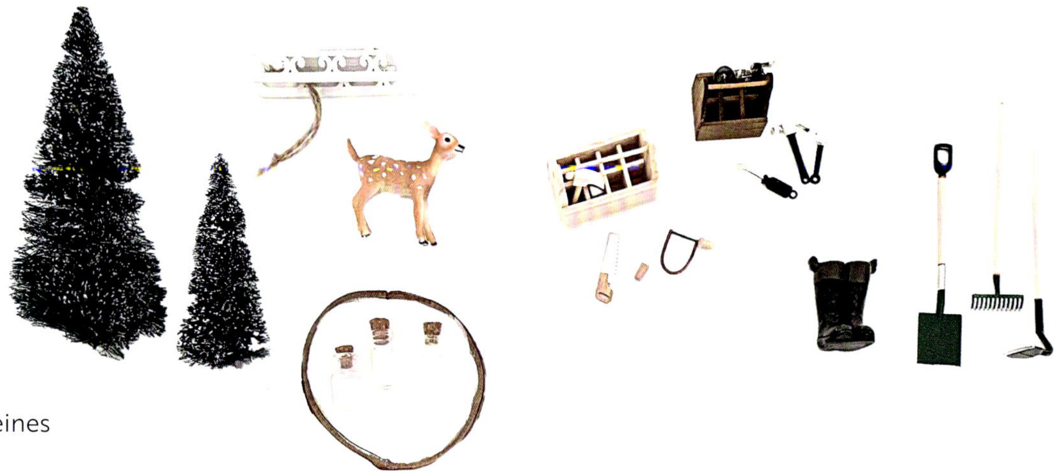

- Manchmal schafft man es auch nicht, alle Spuren vom Basteln zu verwischen. Ich habe in diesen Momenten immer sehr erleichtert auf meine geheime Liste verwiesen, die mir unser Wichtel Thomes gleich zu Beginn überlassen hat. So ein kleiner Wichtel hat ja immer viel zu tun, daher stehen auf dieser Liste Projekte, die er aus Zeitgründen nicht bewältigen kann. Natürlich in einer Geheimschrift, die nur ich sehen und lesen kann.

- Lasst, wenn die mangelnde Zeit es erfordert, einfach mal etwas unfertig stehen. Vielleicht könnt ihr es noch spannend verhüllen oder verpacken oder ihr legt etwas Werkzeug dazu. Das hat die Fantasie unserer Kinder immer enorm angeregt, sodass ganz abenteuerliche Geschichten zustande kamen. Unsere Kinder wissen ja nicht, was hinter der Wichteltür genau vor sich geht – und wir Erwachsenen ja eigentlich auch nicht.

- Kinder haben viele Fragen. Wenn es spontan etwas brenzlig wird, habe ich ehrlich darauf geantwortet, dass ich darauf auch keine Antwort habe, und bin auf das Briefeschreiben ausgewichen. Das verschaffte mir immer etwas Zeit.

Kaufempfehlung

Es gibt teilweise unglaublich schöne Dinge zum Thema Wichtel zu kaufen. Ich selbst hatte sofort einiges gekauft, als ich anfing, mich mit dem Thema zu beschäftigen. Meine drei unverzichtbaren Dinge sind **STIEFEL**, der **BRIEFKASTEN** und natürlich die **WICHTELTÜR** selbst.

Grundsätzlich habe ich versucht, das meiste vor Ort zu kaufen, um die lokalen Läden zu unterstützen. Hier in Hamburg wurde ich im Kreativmarkt und im Bauhaus fündig, in unmittelbarer Umgebung habe ich mich in den Laden „Basteln und Dekorieren" in Geesthacht verliebt. Vielleicht gibt es ja bei euch in der Nähe Unternehmen, die mittlerweile auf den Wichtel gekommen sind. Ansonsten ist es auch nicht verwerflich, mal bei den größeren oder den vielen kleineren Anbietern von Handmade-Sachen zum Beispiel bei Etsy zu stöbern.

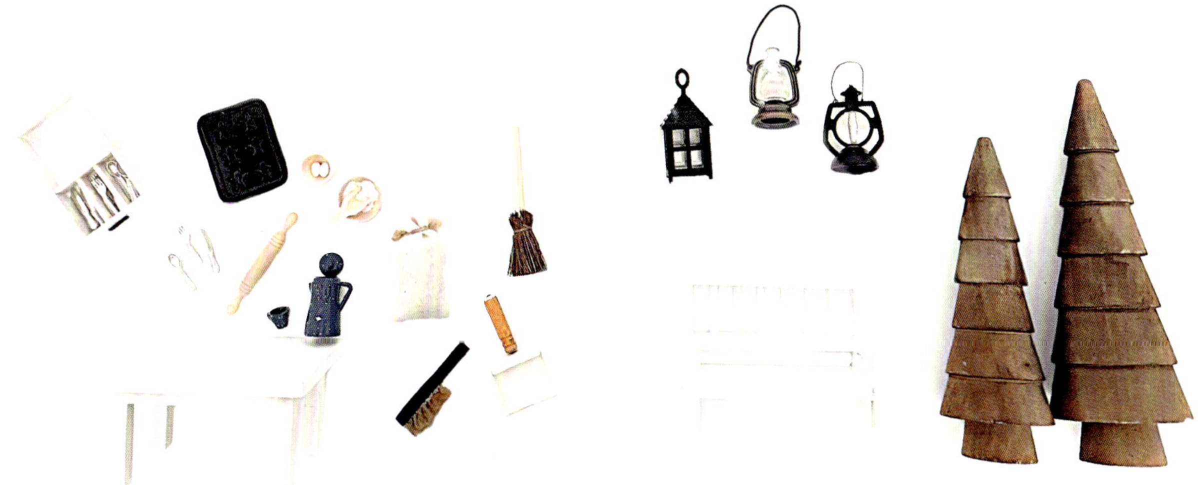

MATERIAL & VORLAGEN

Die meisten Materialien findet ihr im Baumarkt und in gut sortierten Bastelläden.

Kleiner Tipp: Wer sich nicht extra Werkzeug kaufen möchte, kann ja einfach mal in der Nachbarschaft fragen. Dort warten oftmals tolle Sachen und ganz interessierte Ohren.

Holz

BASTELHÖLZER:

Man kennt sie auch als Eisstiele/Holzstäbchen. Es gibt sie in unterschiedlichen Längen, Größen und Formen (z.B. von Rayher). Die vier am häufigsten genutzten wurden in diesem Buch nach ihrer Größe/Form benannt.

Die Kleinen sind 5,5 cm x 0,6 cm
Die Schmalen sind 11 cm x 1 cm
Die Breiten sind 15 cm x 1,8 cm
Die Runden sind 10 cm lang und 4 mm im Durchmesser

Achtung, diese Hölzer sind nicht genormt, es kann also zu leichten Schwankungen in Länge und Breite kommen. Auch der Farbton kann sehr variieren, was einen schönen Effekt geben kann (wie z.B. dunklere Hölzer auf der Holzbank).

SPERRHOLZPLATTEN:

Lassen sich preiswerter als 5er Set im Baumarkt kaufen. In A2-Größe eignen sie sich für besonders viele Projekte. Sie sind in der Regel ca. 4 mm stark und aus Pappel.

HOLZLEISTEN:

Sie sind im Schnitt 90–110 cm lang, aus Kiefer- oder Buchenholz. Es gibt sie im Baumarkt auch in unterschiedlichen Breiten und Stärken. Wenn ihr andere Maße verwenden wollt, beachtet, dass ihr ggf. eine andere Stückzahl benötigt, als im Projekt angegeben. Etwas Verschnitt habe ich mit einkalkuliert und die Mengenangaben dadurch recht großzügig gehalten. Alles, was ihr nicht braucht, könnt ihr in der Regel wieder zurückgeben.

ZAHNSTOCHER:

Zahnstocher sind unglaubliche Allrounder zum Basteln, Stricken oder um überschüssige Farbe und Holzleim zu entfernen. Praktisch sind sie auch zum Durchstechen der Holzleimflasche, wenn diese nicht rechtzeitig den Deckel gefunden hat.

Werkzeuge

MESSER:
Um Bastelhölzer in der Länge zu teilen oder auch mal Rundungen zu schneiden, empfehle ich ein Bastel-/Cuttermesser (z.B. von Cricut) mit austauschbarer Klinge.

SÄGE:
Ich empfehle eine Feinsäge mit Gehrungslade. Sie ist nicht zu groß und erfüllt sehr gut ihren Zweck. Wer mag und/oder darauf zugreifen kann, ist auch mit einer Dekupiersäge oder einem Multifunktionswerkzeug (z.B. von Dremel) gut beraten.

SCHERE:
Die perfekte Schere zum Schneiden von Bastelhölzern zu finden ist eine Kunst für sich. So sollte sie jeder individuell testen. Bei mir ist es eine alte ausrangierte Stoffschere (z.B. von Scherenmanufaktur Paul), aber auch ein Allesschneider oder Scheren mit Zahnung können sehr gute Dienste leisten.

HOLZBOHRER:
Es gibt sie für den Handbohrer in besonders kleinen Größen, die sich sogar in fast jeden handelsüblichen Akku-Bohrschrauber einspannen lassen. Überwiegend habe ich die Größe 2 und 2,5 genutzt. Ein kleiner alter Holzblock ist super als Unterlage beim Bohren.

Kleine Helferlein

SILIKONMATTE:
Dieses Helferlein möchte ich nicht mehr missen. Die Matte schützt den Tisch vor Holzleim. Außerdem ist sie rutschhemmend und unter warmem Wasser super schnell gereinigt, dickere getrocknete Reste lassen sich ganz leicht abnehmen.

SCHLEIFPAPIER:
Wenn nach dem Sägen oder Schneiden raue Stellen bleiben, hilft das Schleifpapier ungemein, um Kanten glatt zu schleifen. Zudem ist es eine tolle Hilfe, wenn man zu viel Farbe aufgetragen hat oder den Shabby-Look mag. Ich habe mit Körnung P240 von Bosch gearbeitet.

LINEAL UND BLEISTIFT:
Diese beiden sind unverzichtbar beim Basteln. Ich empfehle, ein Metalllineal beim Schneiden mit dem Messer und auch einen Druckbleistift zu nutzen, denn ein normaler Bleistift ist ja oft im unpassendsten Moment stumpf.

HOLZKLEMMEN:
Holzklemmen, auch Federzwingen genannt, gibt es in ganz klein (z.B. von Wolfcraft). Mit V-Nut eignen sie sich perfekt, um rundes Material zu spannen.

PINZETTE:
Wenn es mal sehr kleinteilig zugeht, verhilft eine Pinzette zu einem guten Griff. Nützlich auch, um Teile mit Kleber zu verbinden, ohne direkt Kontakt mit der Haut zu bekommen.

DRUCKER:
Ist ein wichtiger Begleiter, wenn man die Vorlagen in diesem Buch nutzen möchte.

Zubehör

FARBEN UND PINSEL:
Je nach Vorliebe kann man Farben/Kreidefarben (von Rayher) zum Streichen oder Acryl-Permanentspray zum Sprühen (z.B. Edding in Matt) einsetzen. Beides hat Vor- und Nachteile: Spray lässt sich schneller auftragen, hat aber längere Trockenzeiten und sollte lieber im Freien benutzt werden, Farbe zum Streichen ist etwas zeitaufwendiger beim Anstrich, allerdings meist ergiebiger und oftmals günstiger. Und wenn es mal ganz schnell gehen muss und die Fläche nicht allzu groß ist, gehen auch wasserfeste Stifte super. Mit Holzbeize (z.B. von Bondex) lassen sich tolle natürliche Effekte erzielen, aber Achtung: Der verwendete Pinsel darf keine Metallteile haben, da es sonst zu unschönen Verfärbungen kommt. Ich nutze zum Beizen gerne einen Schwamm.

KLEBER:
Der wohl wichtigste Kleber beim Arbeiten mit Holz ist der Holzleim (z.B. Ponal Express); damit lassen sich Holz, Papier, Jute, Garne und Stoffe super zusammenkleben, zudem trocknet er transparent. Und wenn Holzleim mal nicht passend ist oder es nicht für die Ewigkeit sein soll, eignet sich Heißkleber, doppelseitiges Klebeband und Washi Tape/Malerkrepp. Auch Sekundenkleber kann eine gute Hilfe sein zum Fixieren unterschiedlichster Materialien.

Projektbezogenes

Je nachdem, welches Projekt ihr machen möchtet, benötigt ihr ggf. auch Jute und Garne, Holzperlen, Wattekugeln, Zange, Seitenschneider, Draht, Stoffe, Kunstfell, Stempel, Papier. Außerdem Naturmaterialien zur Dekoration, wie kleine getrocknete Äste und Laub, Tannengrün. Ebenso hilfreich sind alte Kerzen, Strohhalme, Tannengirlanden u. v. m.

Hinweis

Folgende **Grundmaterialien** werden in der Materialliste der Projekte nicht gesondert aufgelistet:
Bleistift, Schere, Bastelmesser, Maßband/Lineal, Drucker, Holzleim, Farben, Schleifpapier.

Die Maßangaben der Projekte sind nach Länge, Breite/Tiefe und Höhe beschrieben.

Vorlagen

Zu einigen Projekten habe ich euch Vorlagen erstellt. Diese werden in der Regel in tatsächlicher Größe ausgedruckt, man kann aber auch mit dem benutzerdefinierten Maßstab einige der Vorlagen individuell nach Bedarf anpassen (Schachteln, Briefe). Ich benutze immer 120-g-Papier, die Stabilität erhöht sich mit der Grammzahl, wobei ich empfehle, nicht mehr als 200 g zu verwenden.

Alle Vorlagen findet ihr unter www.verlagshaus24.de/das-skandinavische-weihnachtswichtelbuch

Das Passwort ist der Name des Kapitels auf S. 77.

HAUSBAU-ÜBERSICHT

Das Schwierigste ist wohl, den richtigen Platz für das Haus auszuwählen. Normalerweise kommt die Wichteltür direkt oberhalb einer Fußleiste an die Wand, das ist allerdings manchmal problematisch, wenn man sehr kleine Kinder hat oder Haustiere, die super neugierig sind. Daher kam die Wichtellandschaft bei uns auf einen kleinen Schrank.

Den Hausbau habe ich in verschiedene Abschnitte geteilt, die dennoch teils fließend ineinander übergehen.

Terasse

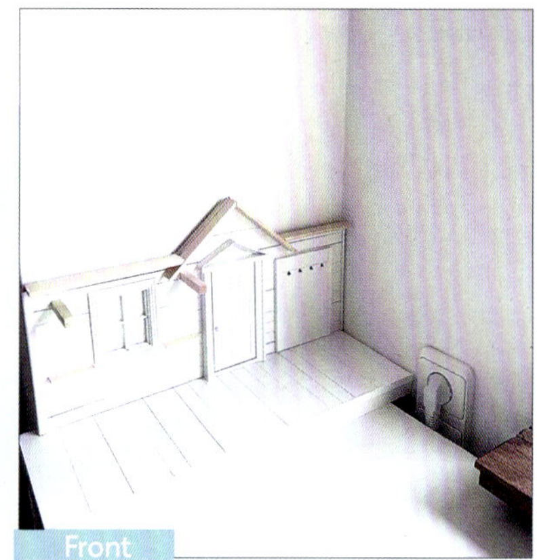
Front

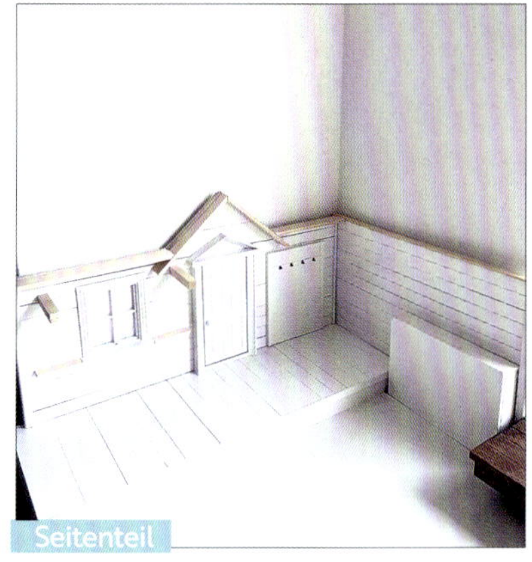
Seitenteil

Fest fixieren werde ich später nur die Front mit der Wand, und zwar mit ablösbaren, wiederverwendbaren Klebepads.

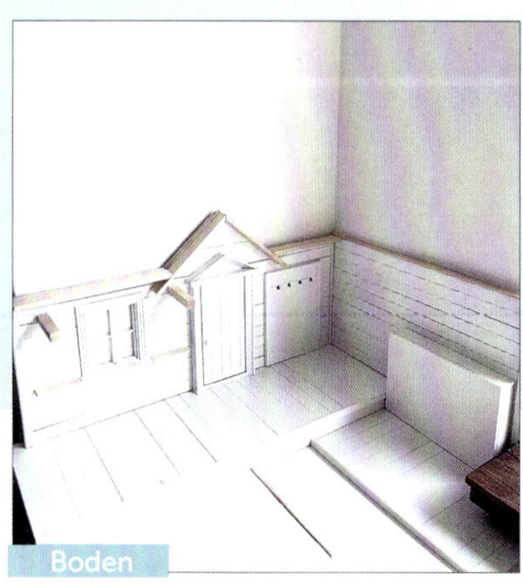
Boden

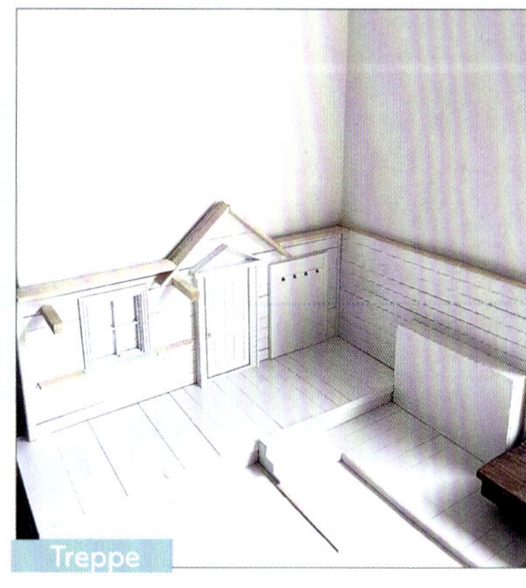
Treppe

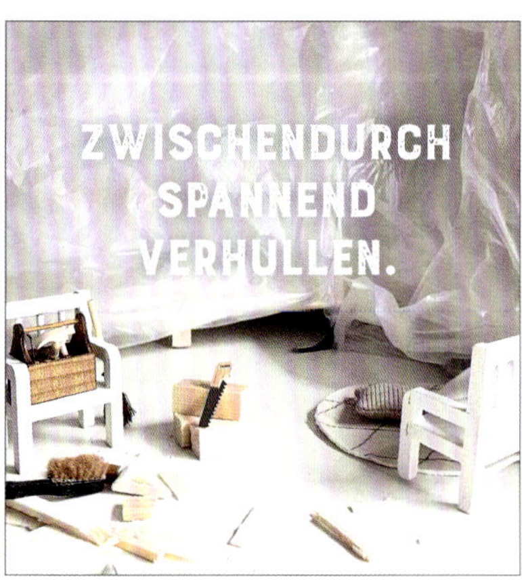

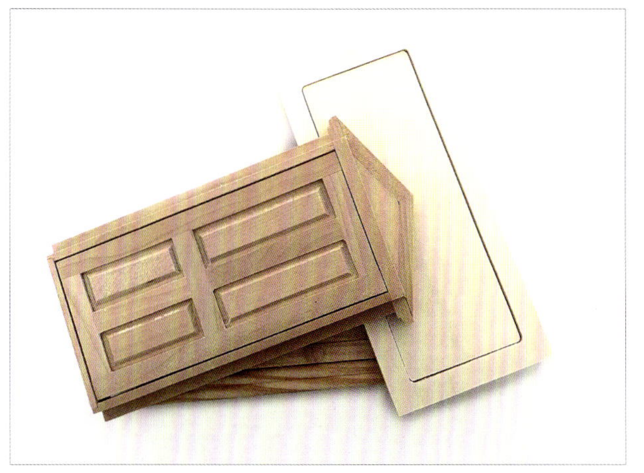

Die Wichteltür

Es gibt sie in ganz unterschiedlichen Formen, Farben und Größen. Aber nicht jede Tür hat dieselben Funktionen. Einige sind geeignet zum direkten Aufkleben, andere werden eingelassen, bei manchen geht die Tür nur in eine Richtung auf, in den meisten Fällen aber in beide Richtungen. Ich habe mich für die spitz zulaufende Tür zum direkten Aufsetzen entschieden. Dafür muss ich das Fenster einlassen. Ob etwas eingelassen werden kann, ist an einem zusätzlichen Rahmen auf der Rückseite erkennbar.

Für den Hausbau werden die **GRUNDMATERIALIEN**, **TÜR**, **FENSTER**, **SPERRHOLZPLATTEN** und **RECHTECKLEISTEN** benötigt. Welche genau und wie viele kann aus der Materialliste des jeweiligen Projektes entnommen werden.

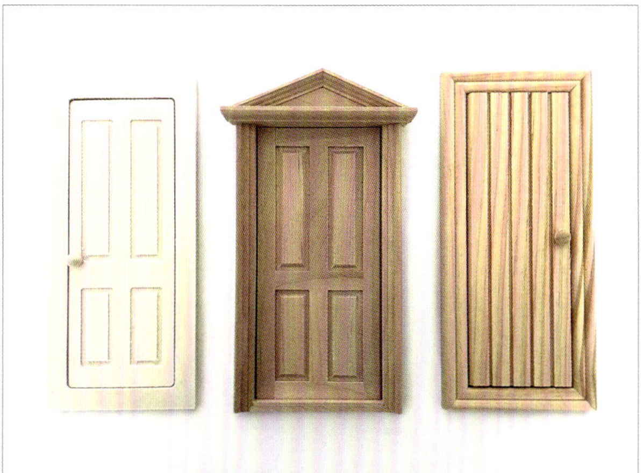

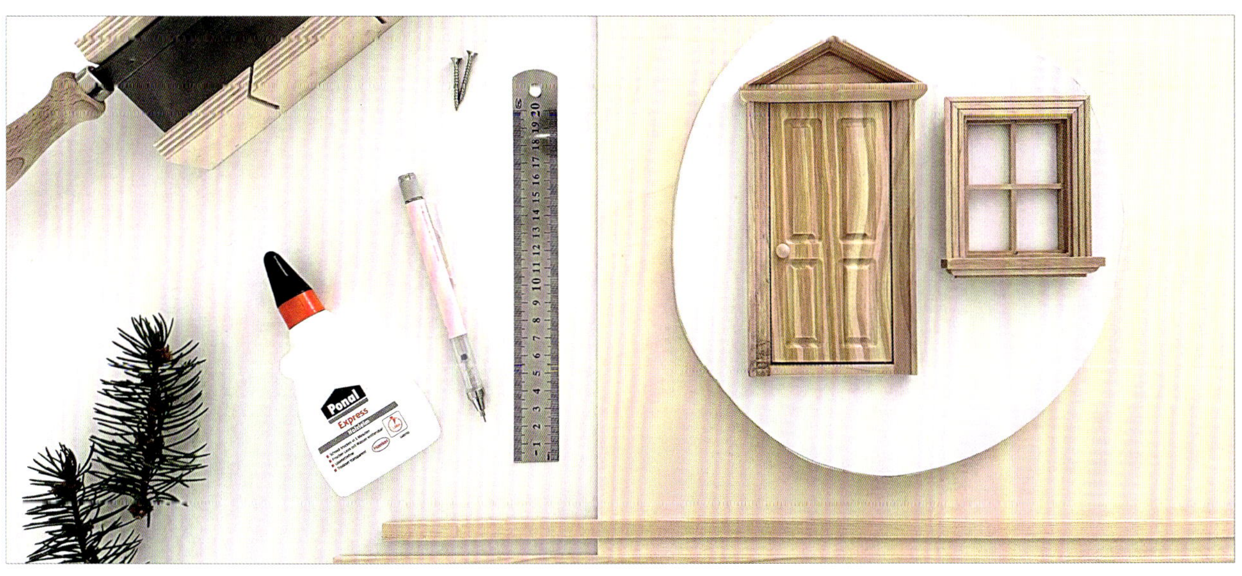

MATERIALIEN

- 7x Rechteckleiste Kiefer 0,5 cm x 2 cm x 90 cm
- 1x Zierleiste (Rechteckleiste) Kiefer 0,3 cm x 0,8 cm x 90 cm
- 1x Sperrholzplatte A2

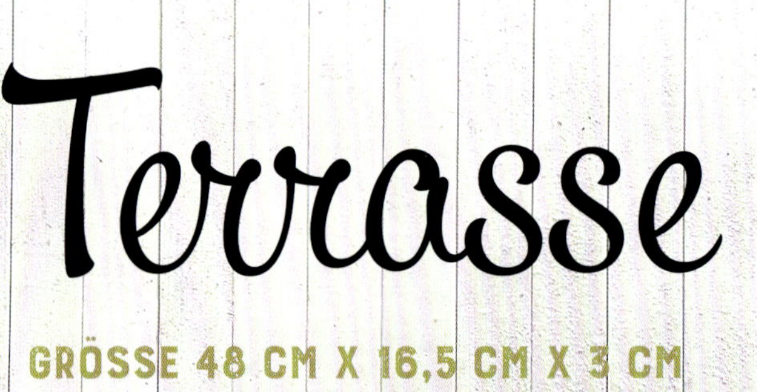

Terrasse

GRÖSSE 48 CM X 16,5 CM X 3 CM

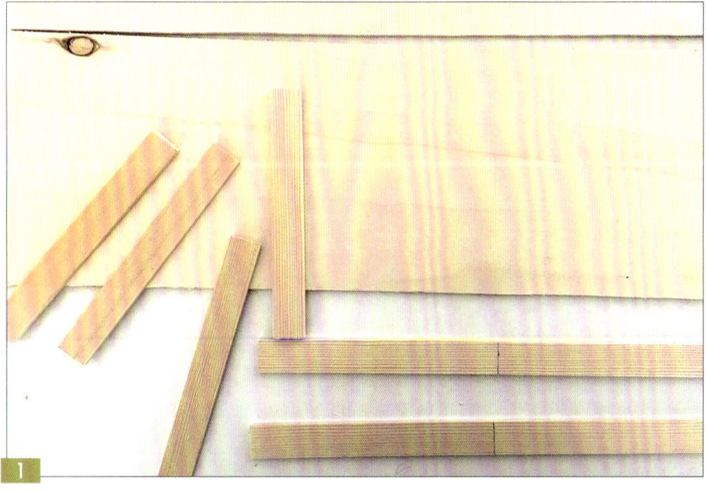

1.
Die Sperrholzplatte wird 48 cm lang und 16 cm breit zugesägt, aus 4 Kieferholzleisten werden ca. 23 Stücke mit je 16 cm Länge benötigt. Reststücke nicht wegwerfen, sie werden später für die Unterkonstruktion benötigt.

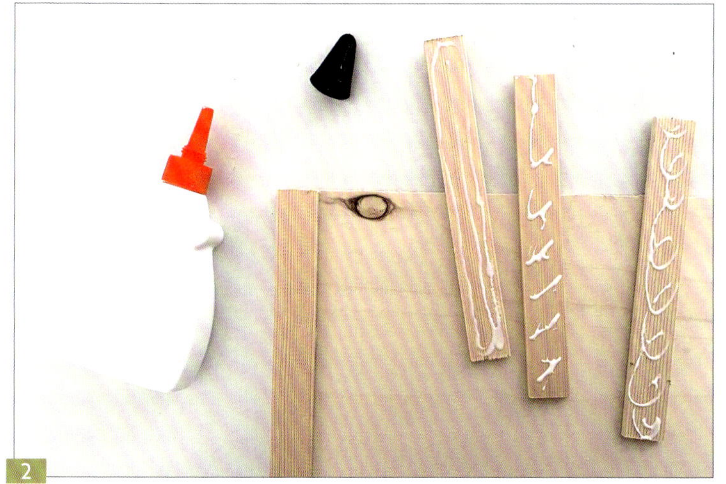
2

2.
Jetzt werden die zuvor gesägten Leisten auf das Sperrholzstück mit Holzleim aufgeklebt. Ein paar Minuten ruhen lassen, damit der Leim etwas anziehen kann.

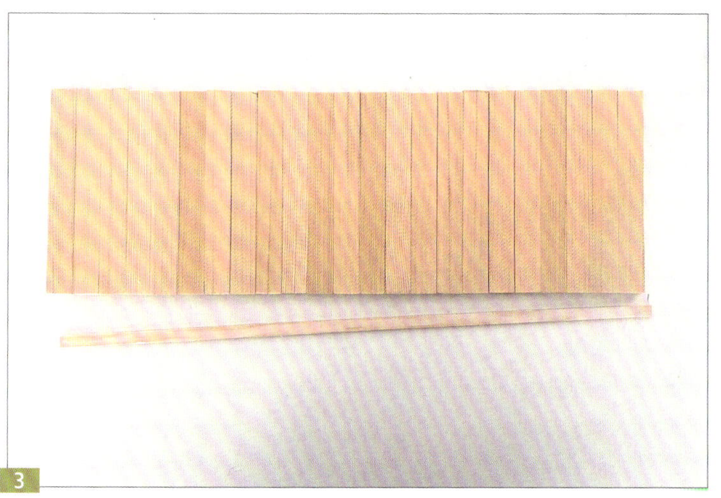
3

3.
In der Zwischenzeit wird die Zierleiste auf die Länge der Terrasse gekürzt und ebenfalls angeklebt. Evtl. ist es nötig, einige Kanten zuvor mit Schleifpapier zu glätten. Wieder ruhen lassen.

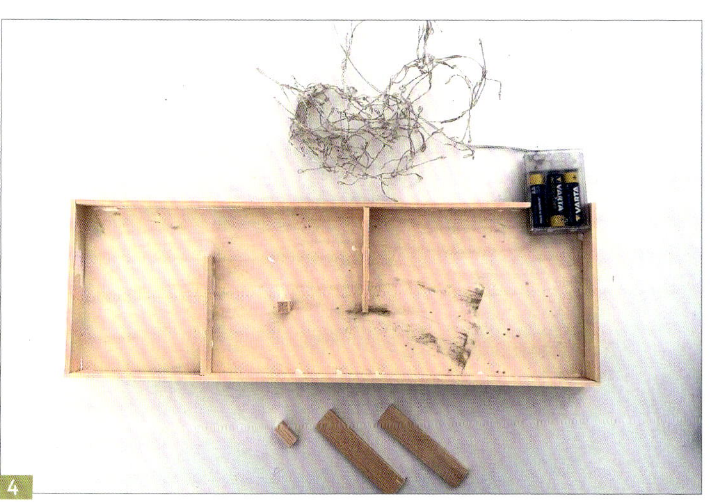
4

4.
Auf der Rückseite wird nun ringsherum eine Unterkonstruktion ebenfalls aus den Leisten angebracht. Lässt man eine kleine Lücke, kann man dort später das Batteriefach einer Lichterkette unterbringen (Achtung: spiegelverkehrt). Um dem Ganzen mehr Stabilität zu geben, werden einige Reststücke grob verteilt aufgeklebt. Alternativ können auch andere Reststücke, z.B. Kantholz, verwendet werden. Diese sollten 2 cm lang sein. Wenn alles gut getrocknet ist, ist die Terrasse soweit fertig und kann noch mit Farbe versehen werden.

MATERIALIEN

- 1x Wichteltür
- 1x Fenster
- Stoff/Filz und Folie (beides optional)
- 11x Rechteckleiste Buche 3 mm x 16 mm x 95 cm
- 1x Rechteckleiste Kiefer 5 mm x 20 mm x 90 cm
- 1x quadratische Leiste 1 cm x 1 cm
- 1x Sperrholzplatte A2 (evtl. Reststück von dem Terrassenbau nutzen)
- 1x Winkelleiste 17 cm x 0,8 cm (optional)
- 2 Schrauben
- Holzbohrer 2 mm
- Vorlage Front

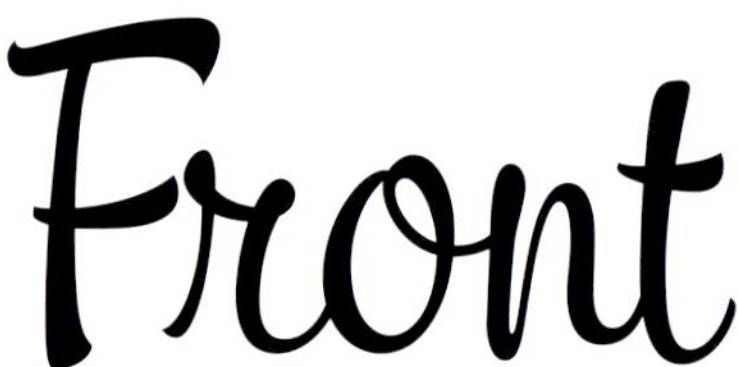

Front

GRÖSSE 45,5 CM X 23,5 CM X 3 CM

1.
Zuerst die Vorlage ausdrucken, auf die Sperrholzplatte übertragen und zuschneiden. Eine Aussparung für das Fenster mithilfe eines scharfen Bastelmessers und eines Lineals ausschneiden.

2.
Die Rechteckleisten aus Buche werden nun passend zugesägt und mit Holzleim aufgeklebt.

3.
An der Hausspitze werden die Hölzer nach und nach aufgelegt, die Schräge angezeichnet, zugesägt und aufgeklebt. Wenn alles gut getrocknet ist, kann die Hausfront noch mit Farbe versehen werden.

4.
TIPP
Wenn das Freihandsägen schwerfällt, kann auch die Gehrungslade zu Hilfe genommen werden. Mit einem weiteren kleinen Holzreststück wird der Winkel angepasst.

5.
Nun werden die 20 mm breiten Hölzer zugesägt, die Enden, die zur Hausspitze zeigen und sich oben berühren, werden im rechten Winkel mit der Gehrungslade gesägt. Dazu die Hölzer hochkant in die Gehrungslade legen. Im Anschluss werden sie direkt auf die Fläche geklebt.

6.
Die Markierungen für die Halterung auf die Fassade übertragen und mittig kleine Löcher bohren. Von der quadratischen Leiste werden 2 Stücke à 6 cm benötigt. Diese werden von hinten mit Schrauben an der Hausfront befestigt. Dann werden Fenster und Wichteltür auch mit Holzleim aufgeklebt. Wenn das Fenster keine Scheibe hat, kann diese durch Folie – z.B. von einer Verpackung mit Sichtfenster – nachgebildet werden. Vorhänge lassen sich mit einem Stückchen Stoff oder Filz darstellen.

Wer möchte, kann die linke Seite noch mit einer Winkelleiste abschließen. Das von mir verwendete Fenster hat eine kleine Fensterbank, die zu beiden Seiten noch verlängert wurde (zu sehen im Projekt der Garderobe, S. 20f.).

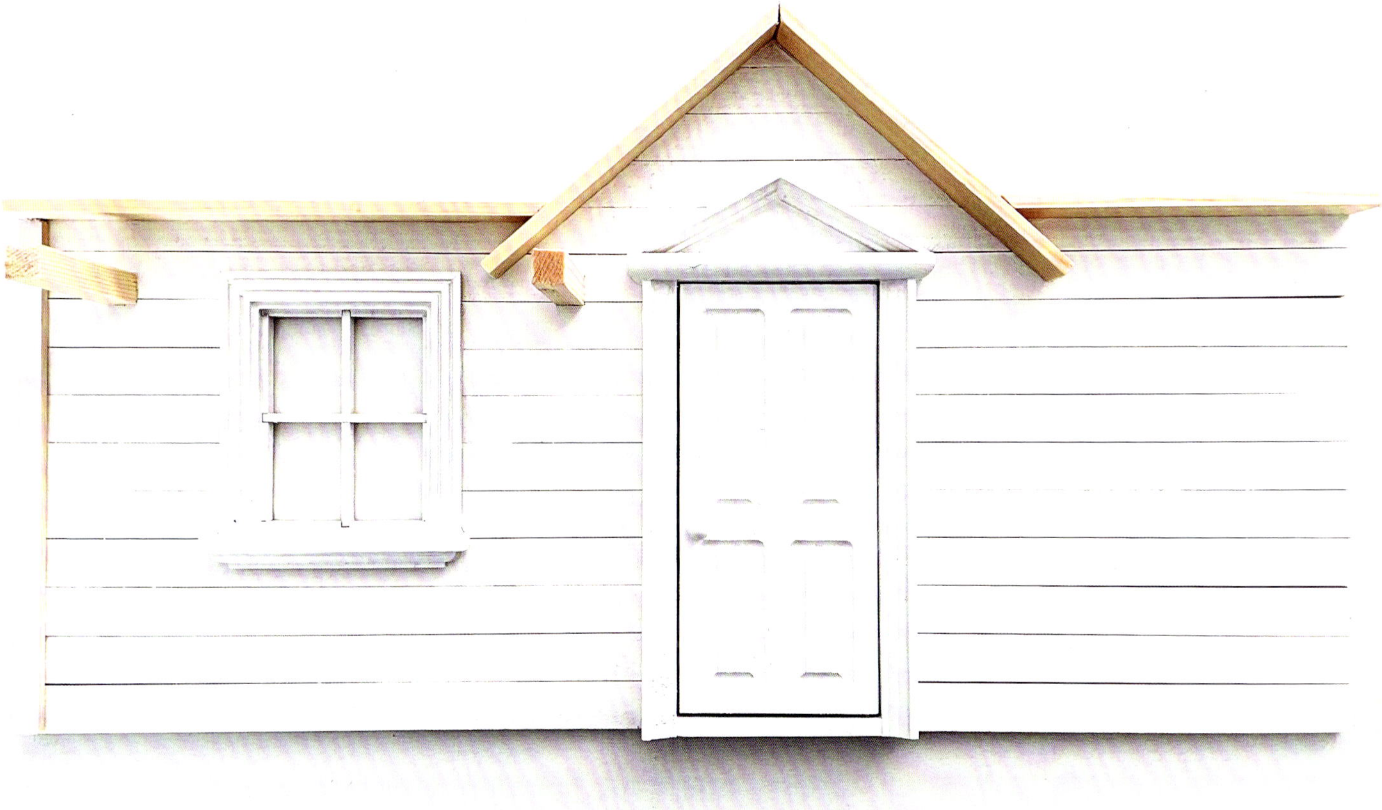

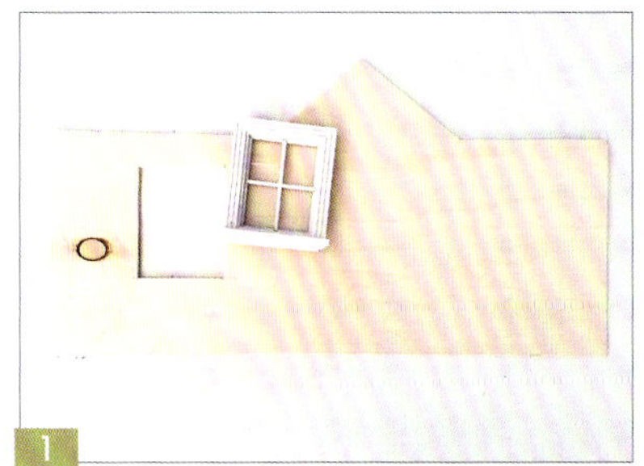
1

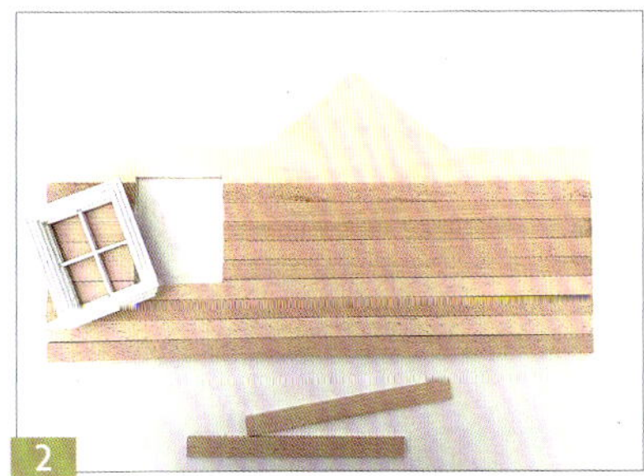
2

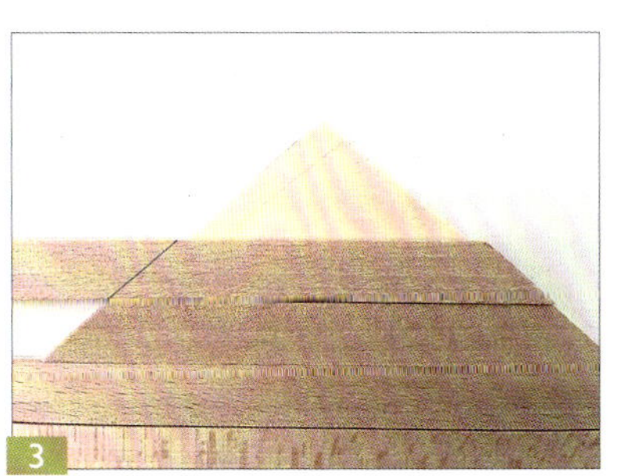
3

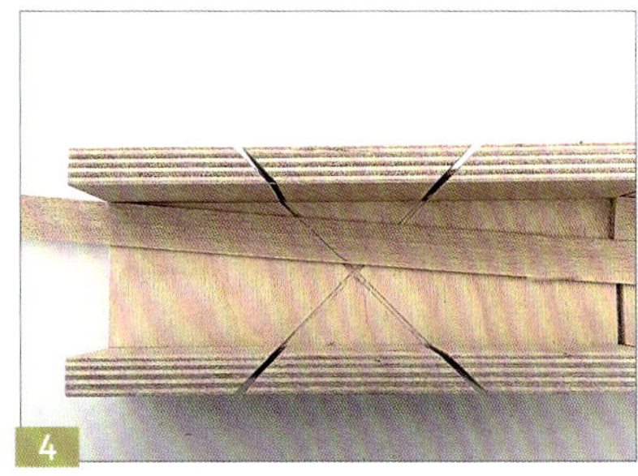
4

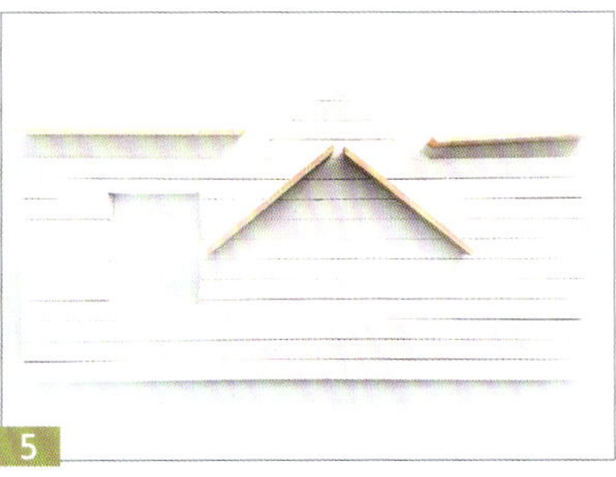
5

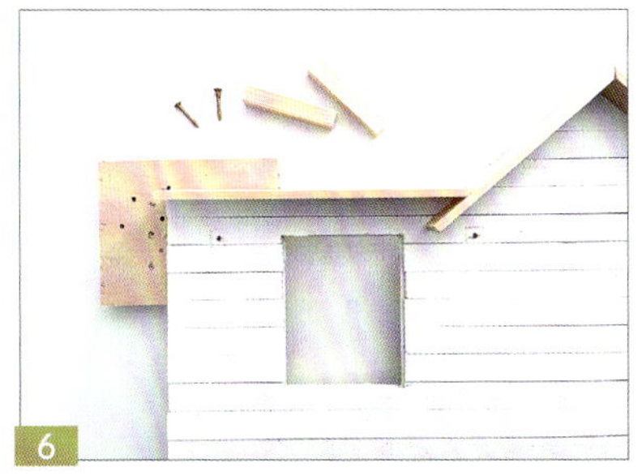
6

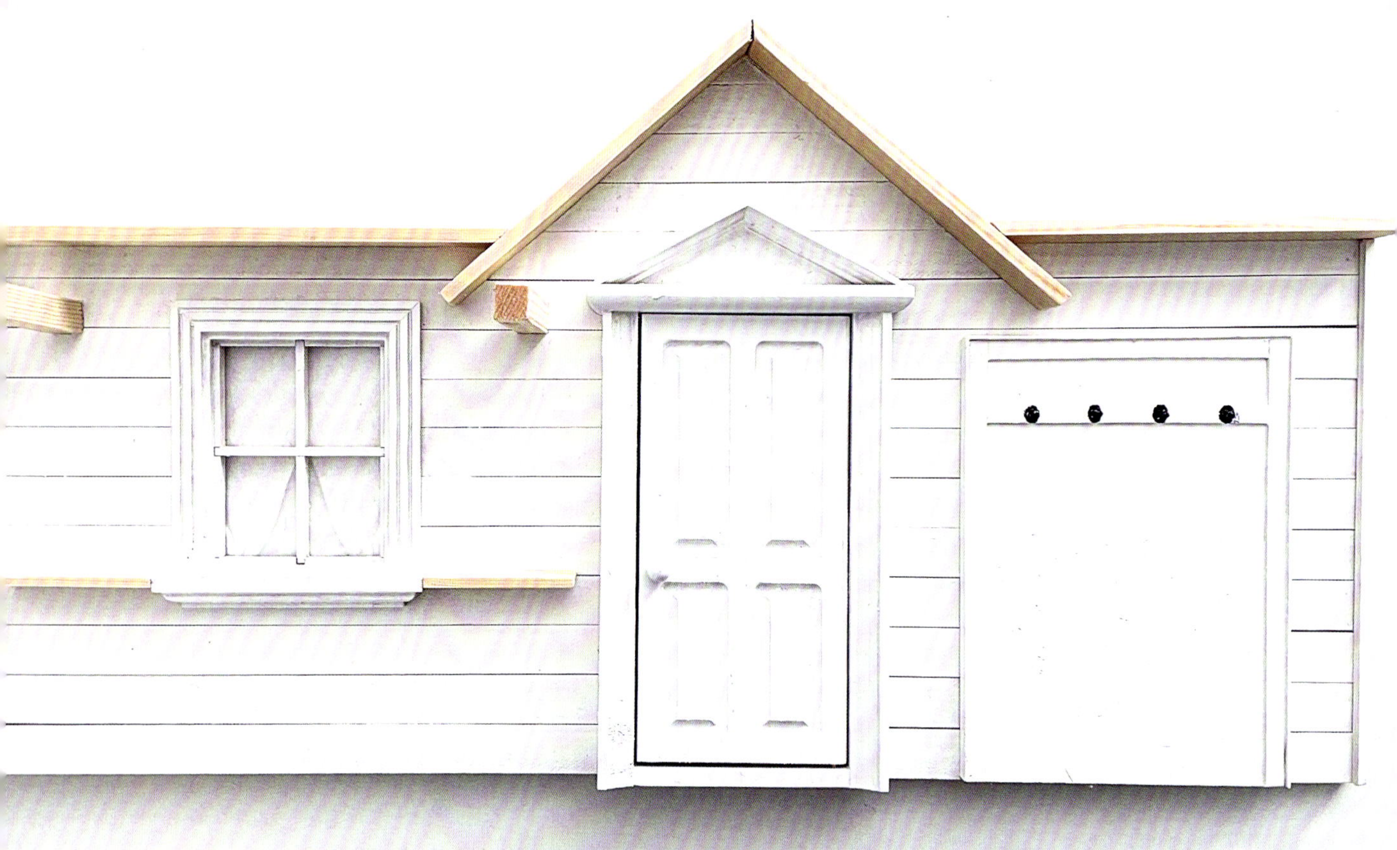

Garderobe

GRÖSSE 10,2 CM X 15,2 CM

1.
Auf die Sperrholzplatte werden die Kaffeerührstäbchen passend zugeschnitten aufgeklebt. Die beiden quer verlaufenden haben hier einen Abstand von knapp 1,5 cm.

2.
Nun werden weitere gekürzte Kaffeerührstäbchen als Rahmen angeklebt, orientiert an den Maßen der Sperrholzplatte.

3.
In regelmäßigen Abständen werden jetzt Markierungen für die Garderobenhaken gesetzt, dort vorsichtig Löcher gebohrt und mit Holzleim benetzt. Anschließend die Zahnstocher in gewünschter Länge kürzen und einsetzen. Wenn alles gut getrocknet ist, kann die Garderobe noch mit Farbe versehen werden. Um die entstandenen Haken lassen sich mit einem farbigen Stift noch tolle Effekte erzielen.

MATERIALIEN

- 1x Sperrholzplatte 10 cm x 15 cm
- 7x Kaffeerührstäbchen 0,6 cm x 18 cm
- 1–2 Zahnstocher
- Holzbohrer 2 mm

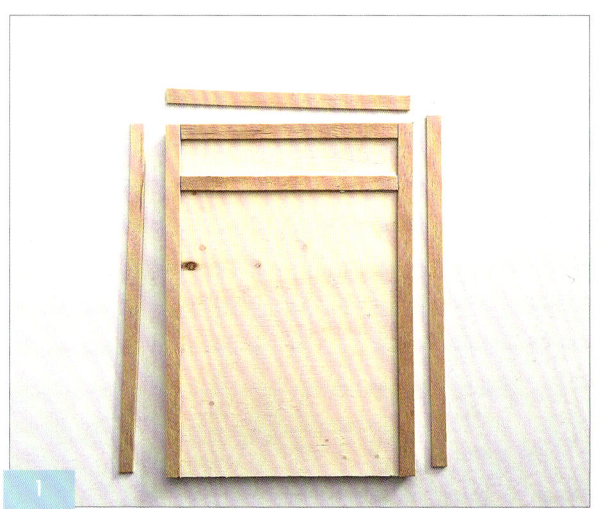

1

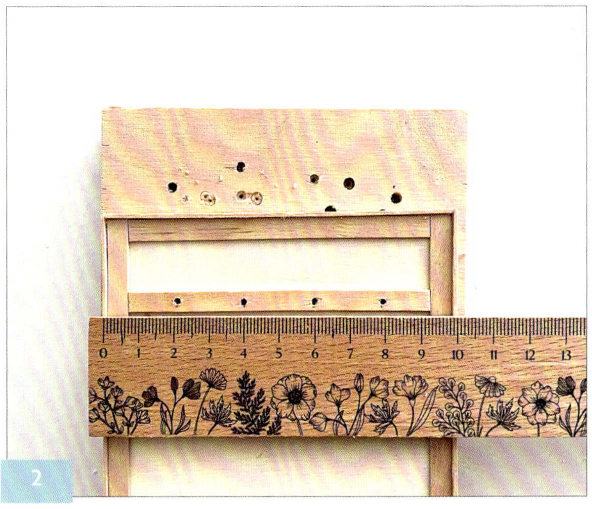

2

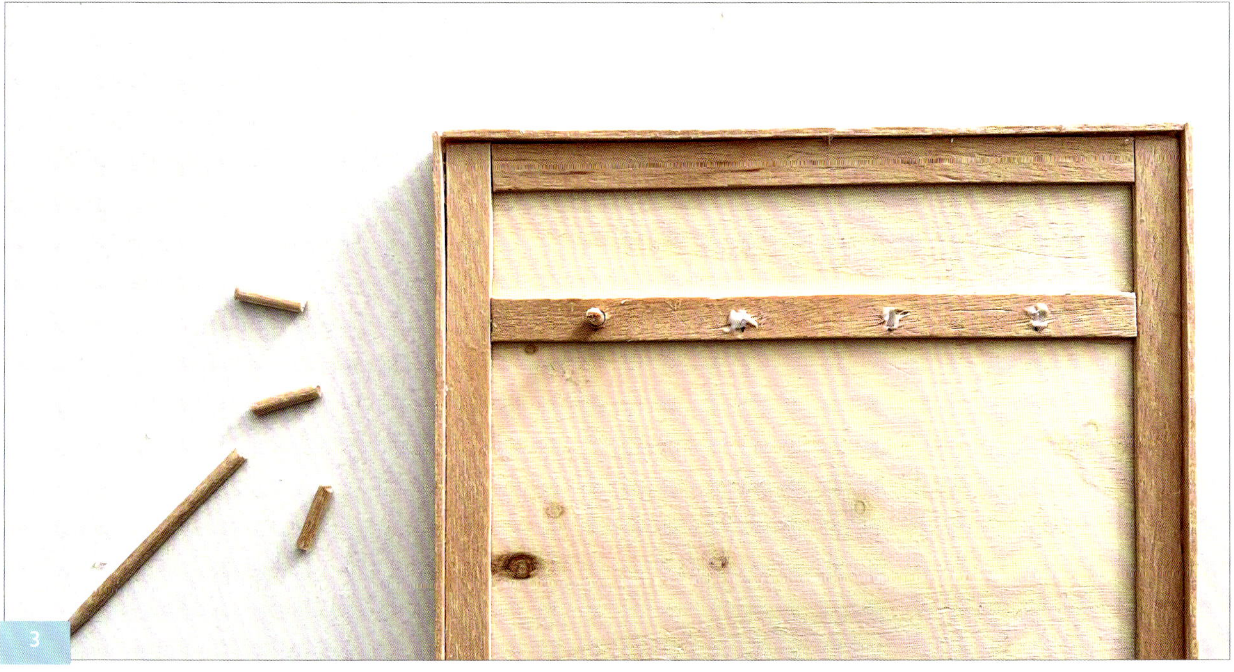

3

MATERIALIEN

- 7x Rechteckleiste Buche 0,3 cm x 1,6 cm x 95 cm
- 1x Zierleiste (Rechteckleiste) Kiefer 0,3 cm x 8 cm x 90 cm
- 1x Sperrholzplatte A3
- 1x Winkelleiste 20,5 x 0,8 cm

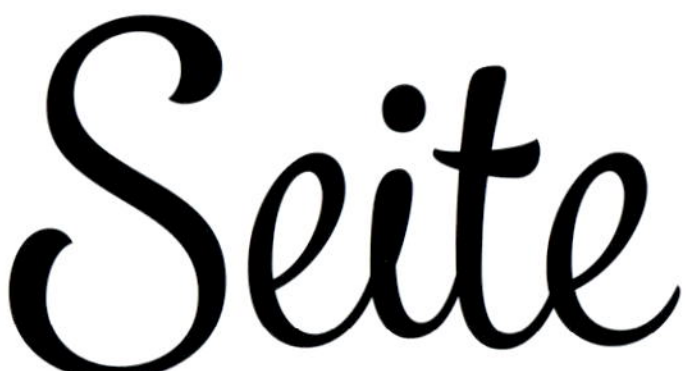

Seite

GRÖSSE 34 CM X 20,7 CM X 0,7 CM

BEIM SEITENTEIL VORGEHEN WIE BEI DER FRONT.

Sperrholzplatte und Buchenholzleisten zusägen (Format: siehe Materialien, S. 22) und aufkleben. Da das Seitenteil ganz dicht mit der Terrasse abschließen soll, wurde die Anschlussstelle der Terrasse bei der Beklebung mit Hölzchen ausgespart.

Dazu die Sperrholzplatte seitlich an die Terrasse anlegen und den Umriss der Terrasse mit einem Bleistift auf der Sperrholzplatte nachzeichnen.

Kleine angebrachte Zierleiste oben und eine Winkelleiste an der abschließenden Seite runden das Gesamtbild ab.

Wegen der Steckdose musste hier eine extra Aussparung vorgenommen werden, ebenso eine Abdeckung. Wie die Abdeckung gemacht wird, wird beim Projekt Kamin (S. 34-37) erklärt.

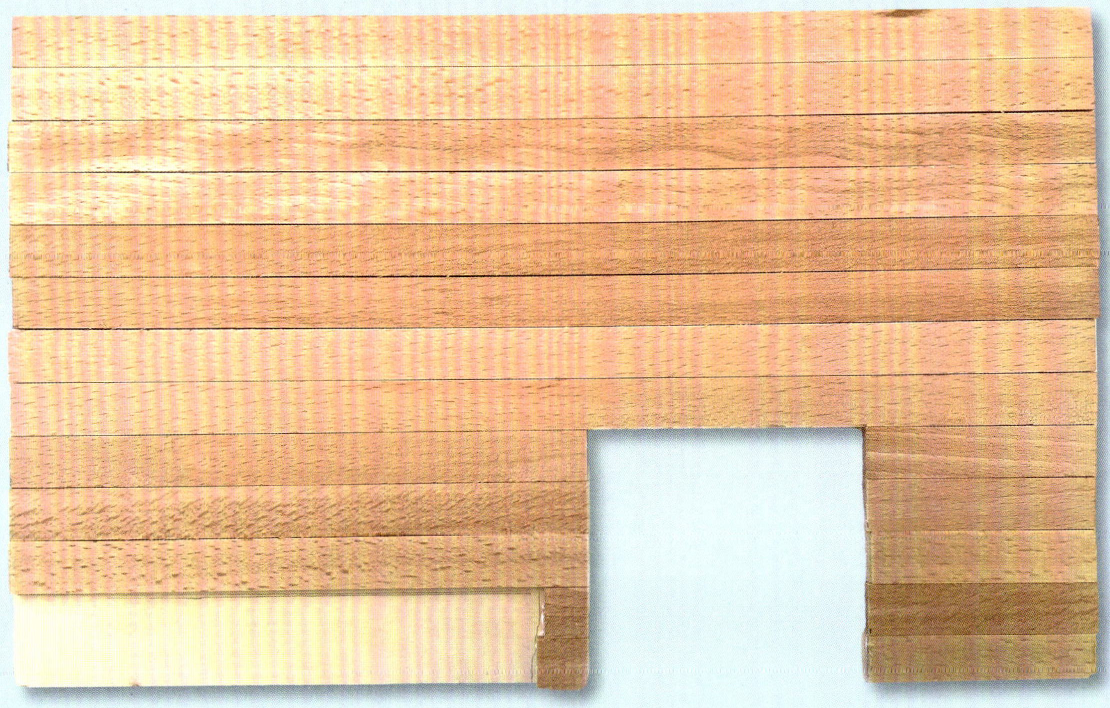

Boden

GRÖSSE 47 CM X 42 CM X 0,4 CM

Die Sperrholzplatte wird auf 47 cm x 42 cm zugesägt, anschließend werden die Maße der schon gefertigten Terrasse eingezeichnet.

Dann werden die Leisten zugesägt, 12 Stück für die rechte Seite mit einer Länge von 15 cm und 7 Stück für die linke Seite mit einer Länge von 21 cm.

Die Leisten auf der rechten Seite mit 0,7 cm Abstand zum Plattenrand aufkleben. Zierleisten geben dem Ganzen eine Begrenzung.

WICHTIG: ZWISCHEN LINKER UND RECHTER ZIERLEISTE MUSS AUSREICHEND PLATZ (9 CM) FÜR DIE TREPPE BLEIBEN.

MATERIALIEN

- 4x Rechteckleiste Kiefer 0,5 cm x 2 cm x 90 cm
- 2x Zierleiste (Rechteckleiste) Kiefer 0,3 cm x 8 cm x 90 cm
- 1x Sperrholzplatte A2

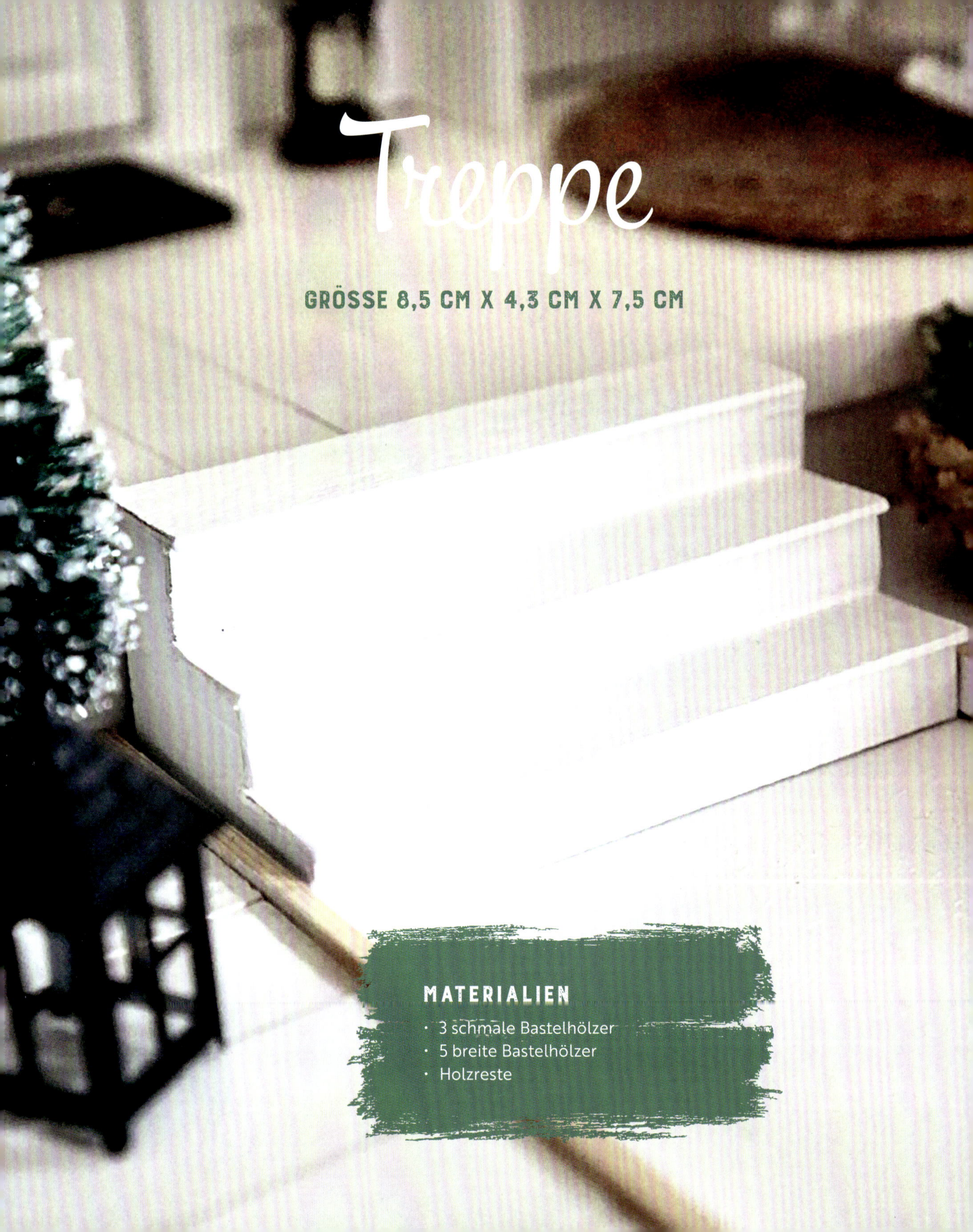

Treppe

GRÖSSE 8,5 CM X 4,3 CM X 7,5 CM

MATERIALIEN

- 3 schmale Bastelhölzer
- 5 breite Bastelhölzer
- Holzreste

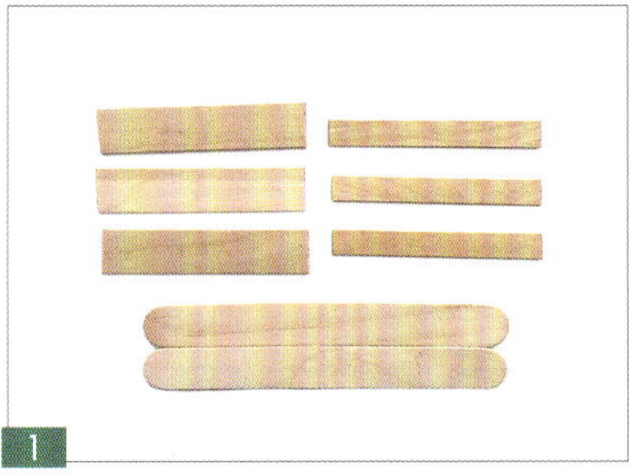
1

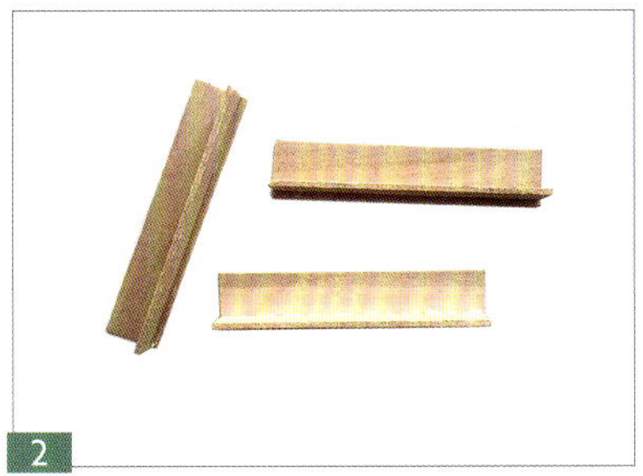
2

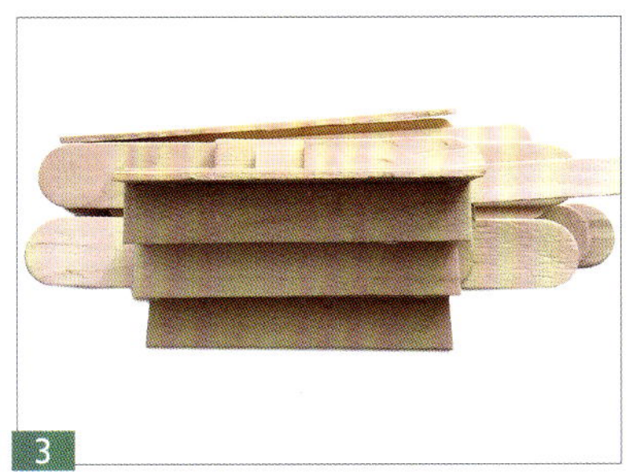
3

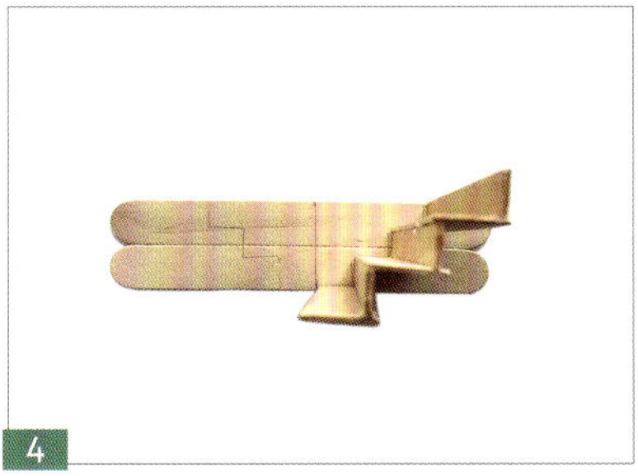
4

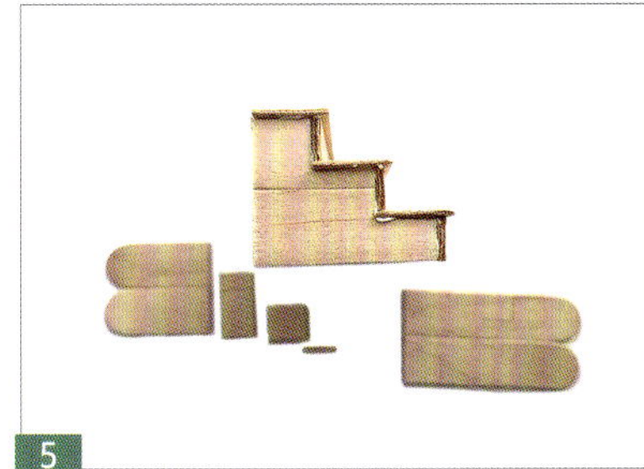
5

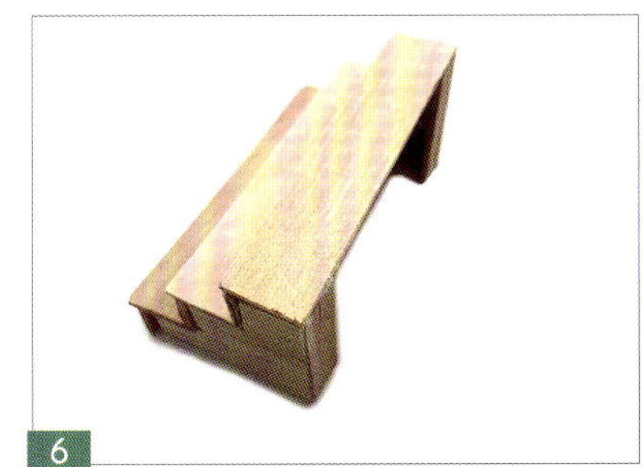
6

1.
Alle Bastelhölzer werden bereitgelegt. Die 3 schmalen und 3 breiten Bastelhölzer werden auf 8,5 cm gekürzt. Die 2 übrig gebliebenen breiten Bastelhölzer werden an den Längsseiten aneinandergeklebt.

2.
Jeweils ein schmales Bastelholz wird mit ca. 1–2 mm zur Kante versetzt auf das breite Bastelholz geklebt.

3.
Die 3 entstandenen Treppenstufen werden nun versetzt aufeinandergeklebt, das breitere Holz liegt dabei unten.

TIPP:
Holzreste dahinter auf dieselbe Höhe stapeln.

4.
Um die Treppe zu verkleiden, wird auf den beiden zuvor zusammengeklebten breiten Holzstäbchen jeweils eine offene Seite der Treppe eingezeichnet.

5.
Dann wird alles vorsichtig mit dem Bastelmesser ausgeschnitten und in die passende offene Seite geklebt.

6.
Zur zusätzlichen Stabilisierung können aus Reststücken hinten noch 2 Bastelholzstücke mit angeklebt werden. Damit lässt sich die Treppe später bei Bedarf auch gut an die Terrasse kleben. Wenn alles gut getrocknet ist, kann die Treppe noch mit Farbe versehen werden.

Zaun

GRÖSSE 11,2 CM X 5 CM

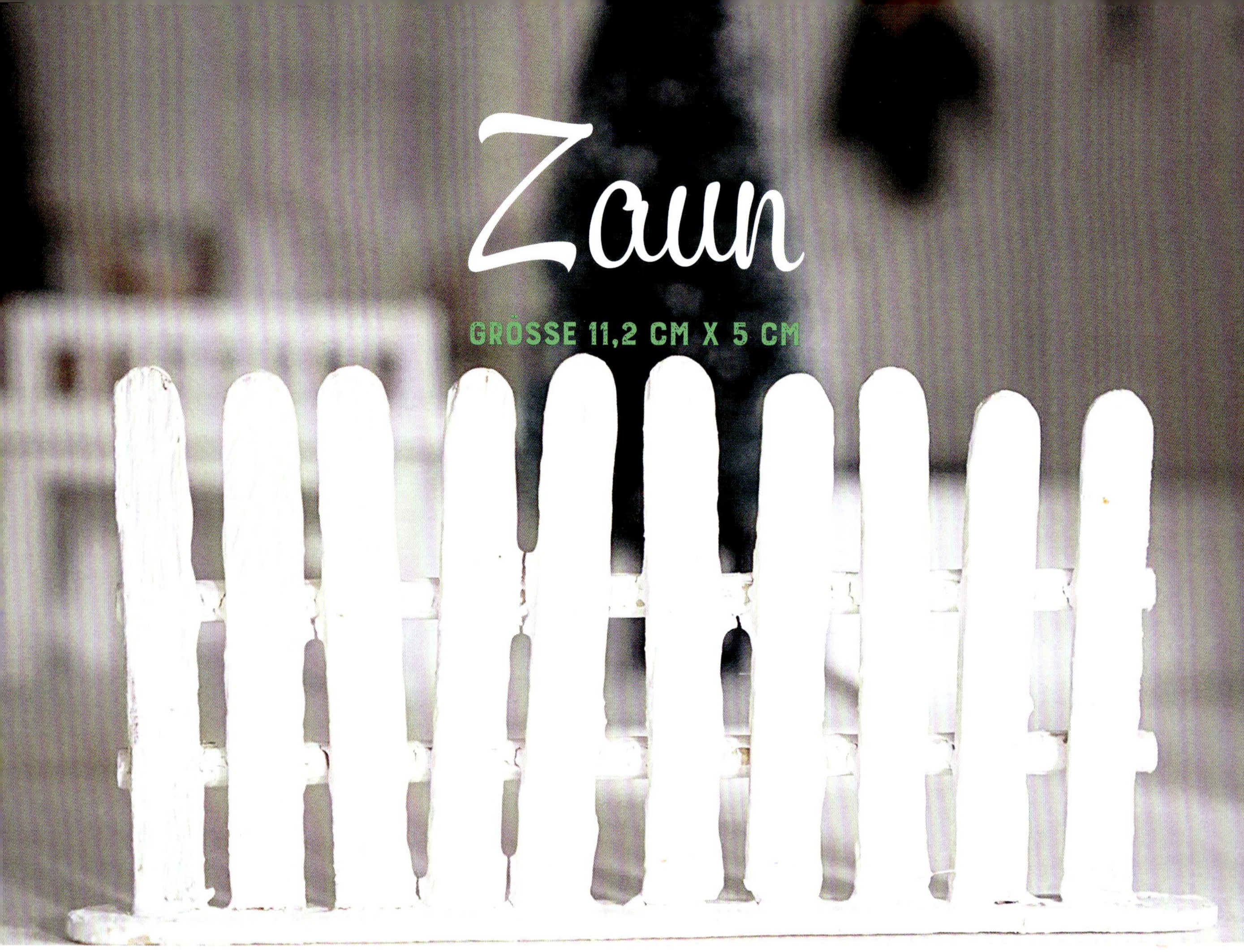

MATERIALIEN FÜR 1 ZAUNELEMENT

- 10 kleine Bastelhölzer
- 1 schmales Bastelholz
- 2 runde Bastelhölzer

Die kleinen Bastelhölzer werden mit der Schere ca. 5 mm gekürzt und gleichmäßig auf die Länge der runden Bastelhölzer verteilt und festgeklebt. Holzleim etwas trocknen lassen, danach kann das Holzelement auf das schmale Bastelholz geklebt werden. Wenn alles gut getrocknet ist, kann der Zaun noch mit Farbe versehen werden, wie ihr seht, hat mir mein kleiner Sohn bei diesem Zaun fleißig geholfen.

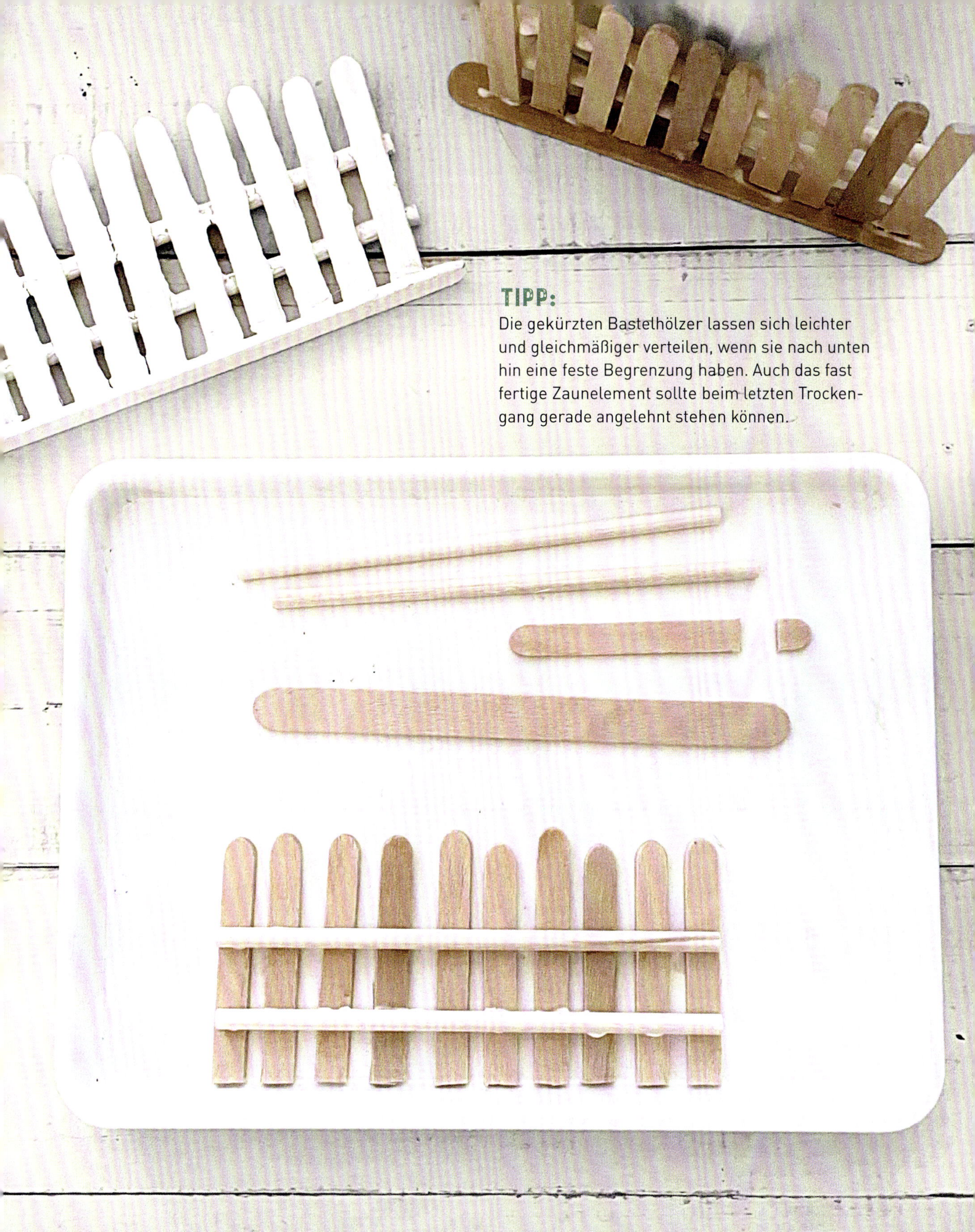

TIPP:

Die gekürzten Bastelhölzer lassen sich leichter und gleichmäßiger verteilen, wenn sie nach unten hin eine feste Begrenzung haben. Auch das fast fertige Zaunelement sollte beim letzten Trockengang gerade angelehnt stehen können.

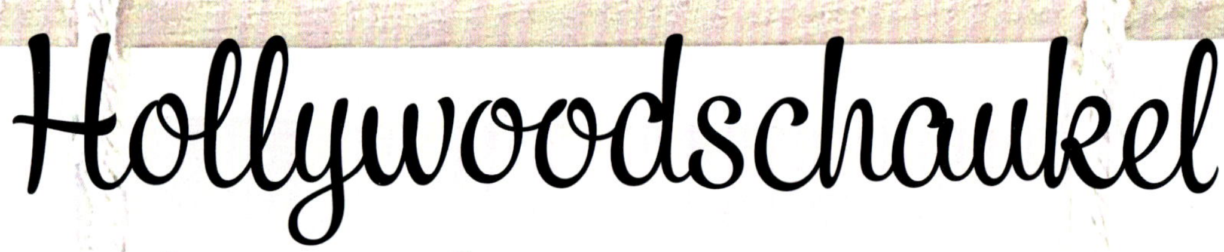

Hollywoodschaukel

GRÖSSE MIT AUFHÄNGUNG 12,2 CM X 5,5 CM X 15 CM, OHNE AUFHÄNGUNG 4 CM HOCH

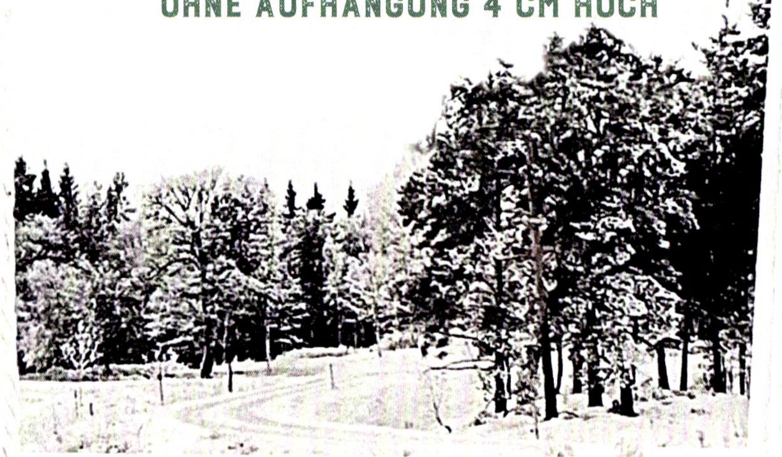

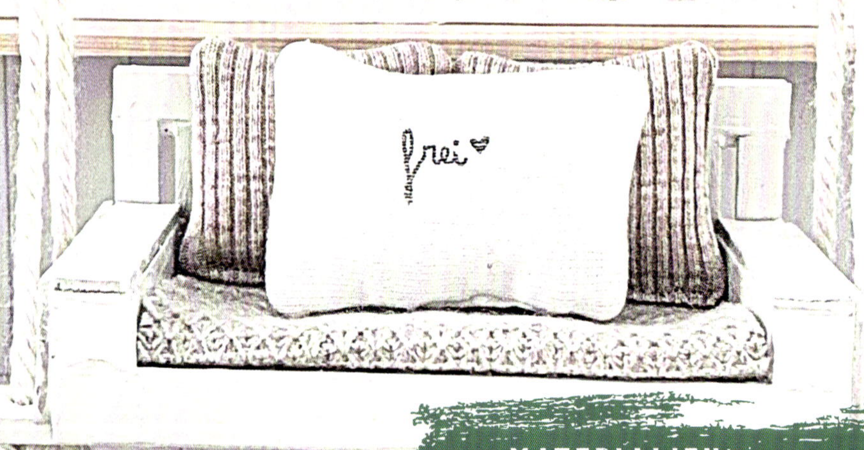

MATERIALIEN

- Holzbohrer 3,5 mm
- 80 cm langes Band (z.B. Makrameegarn 3 mm stark)
- 1 Rundholzstäbchen ø 7 mm, 17 cm lang
- 22 kleine Bastelhölzer
- 10 schmale Bastelhölzer
- 1 breites Bastelholz
- 1 Holzstück 24 cm x 2,6 cm
- 1x Stoff für Sitzauflage 8 cm x 7 cm
- 2x Stoff für kleine Kissen 4,5 cm x 4 cm
- 1x Stoff für großes Kissen 6 cm x 4 cm

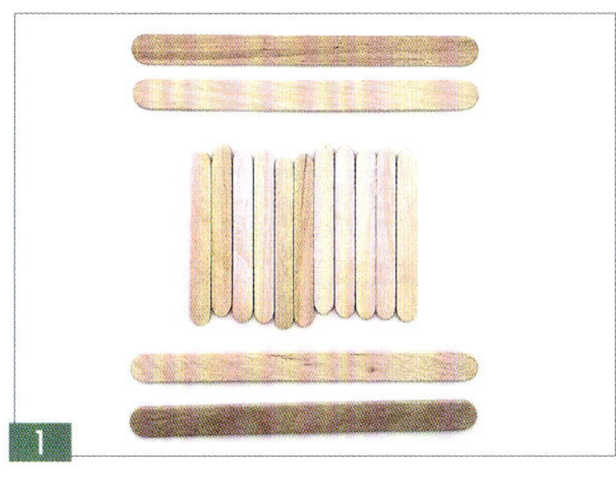

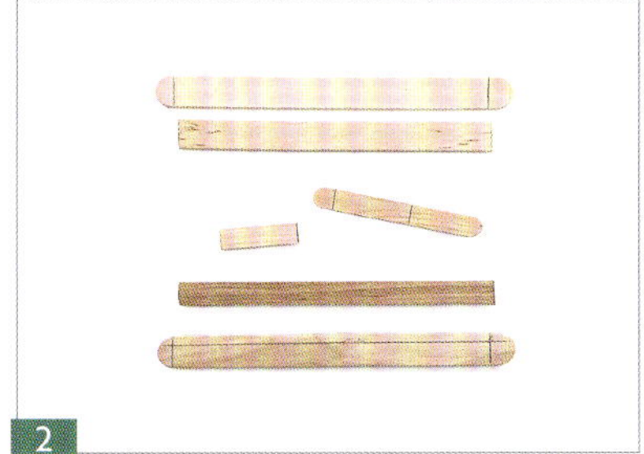

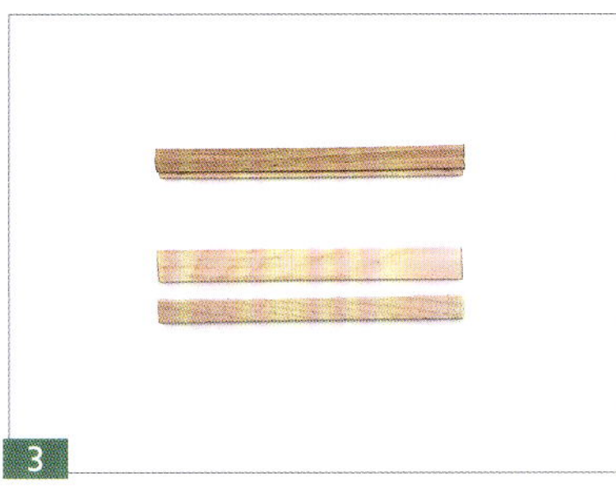

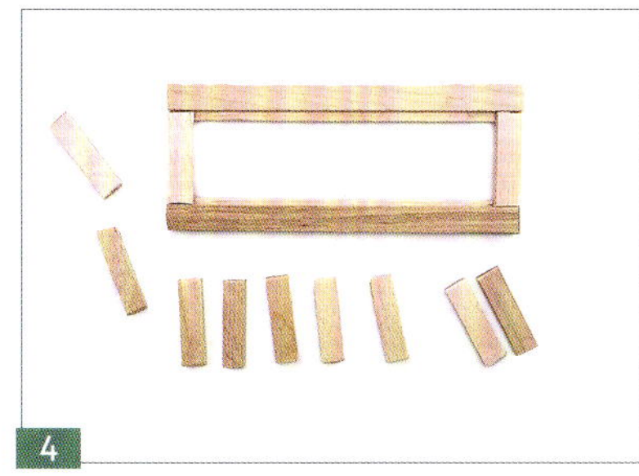

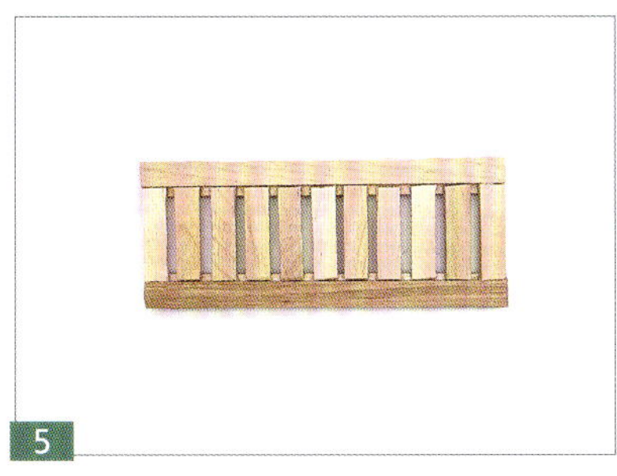

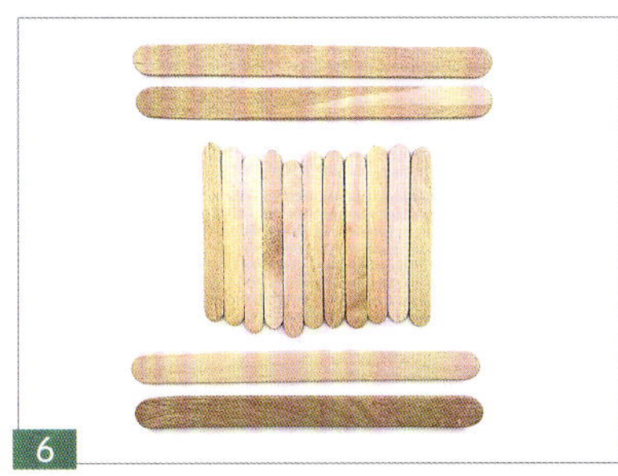

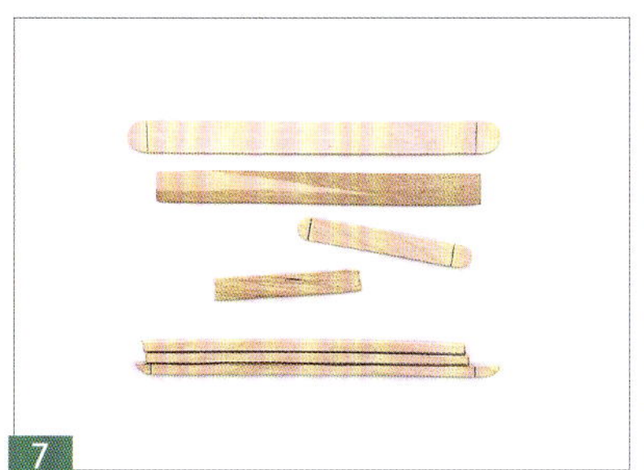

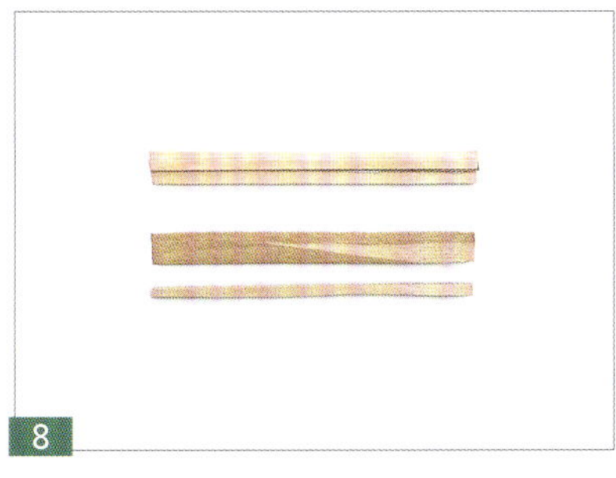

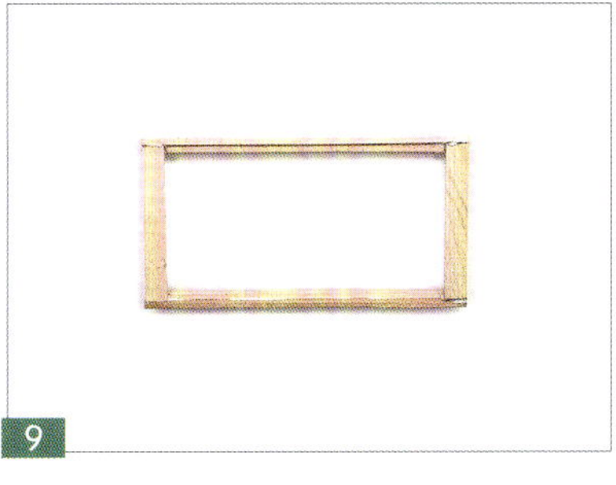

1.
Für die Rückwand werden 11 kleine und 4 schmale Bastelhölzer benötigt.

2.
Die kleinen Bastelhölzer werden auf 2,5 cm gekürzt, die schmalen auf 10 cm, wobei 2 gekürzte davon noch um 2 mm in der Breite verschmälert werden.

3.
Nun werden die verschmälerten auf die 2 anderen 10 cm langen Bastelhölzer geklebt, sodass eine kleine Kante entsteht.

4.
Diese Kante dient nun als Auflagefläche für die gekürzten kleinen Bastelhölzer. Diese werden erst gleichmäßig verteilt und dann aufgeklebt.

5.
So sieht das dann fertig aus, die Rückwand kann zum Trocknen zur Seite gelegt werden.

6.
Für die Sitzfläche werden 11 kleine und 3 schmale Bastelhölzer benötigt.

7.
Die kleinen Bastelhölzer werden auf 4,5 cm gekürzt, alle 3 schmalen auf 10 cm, wobei 1 gekürztes, schmales Bastelholz noch in 2 x 3 mm geteilt wird.

8.
Nun werden die beiden 3 mm langen Stücke auf die 2 anderen 10 cm langen Bastelhölzer geklebt, so entsteht wieder eine kleine Kante.

9.
Diese Kante dient wieder als Auflagefläche für die gekürzten, kleinen Bastelhölzer. Diese werden wieder gleichmäßig verteilt und aufgeklebt.

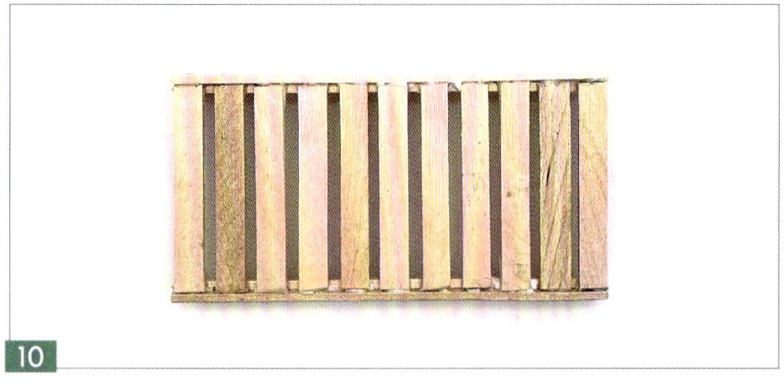

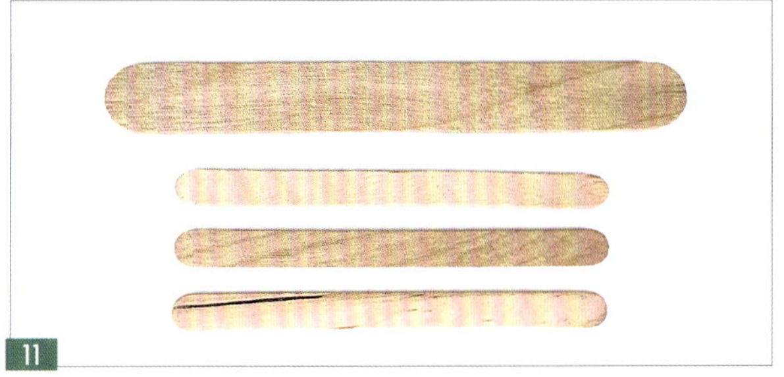

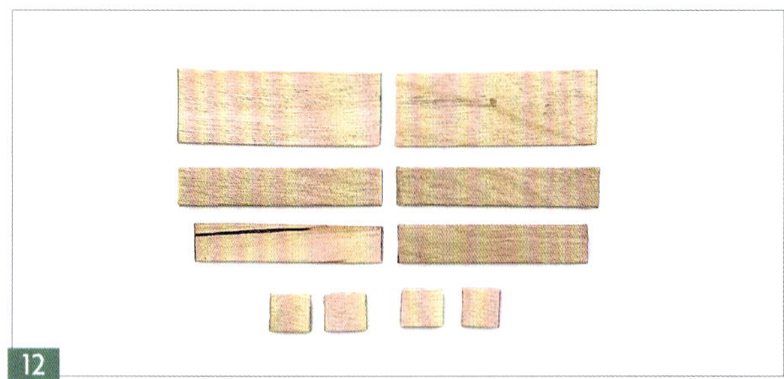

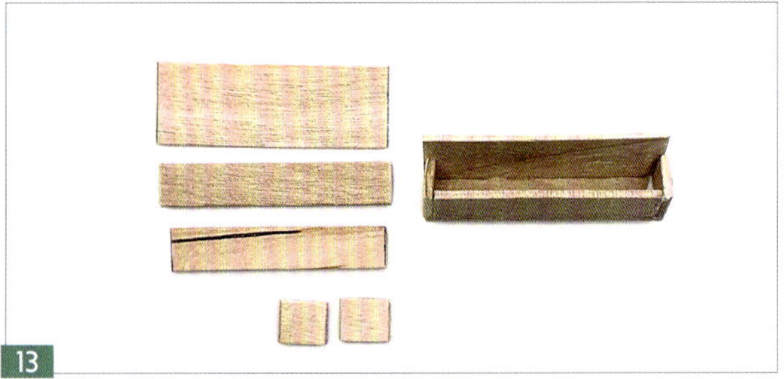

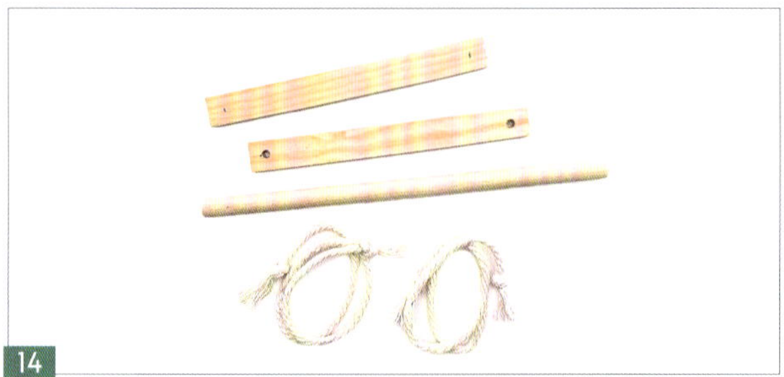

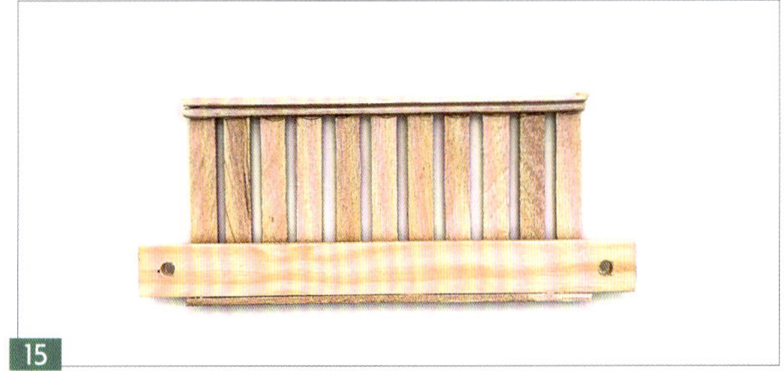

10.
So sieht das dann fertig aus, die Sitzfläche kann zum Trocknen zur Seite gelegt werden.

11.
Für die Armlehnen werden 1 breites und 3 schmale Bastelhölzer benötigt.

12.
Das breite Bastelholz wird in 2 5-cm-Stücke geteilt. Aus den 3 schmalen Bastelhölzern werden 4 Stücke à 4,5 cm, 2 Stücke à 5 cm und 4 Stücke à 1 cm benötigt.

13.
An das breite Bastelholz werden die beiden schmalen geklebt, an den Seiten die kleinen 1-cm-Stücke. Das wiederholt ergibt 2 Armlehnen. Beide können zum Trocknen zur Seite gelegt werden.

14.
Für die Unterkonstruktion wird das 24 cm lange Holzstück in 2 12-cm-Stücke geteilt und ca. 0,6 cm vom Rand mittig ein Loch gebohrt. Für die Aufhängung wird das 80-cm-Band in 2 gleich lange Stücke geteilt und die Enden werden verknotet, damit sie sich nicht aufribbeln.

15.
Jetzt wird die Sitzfläche gedreht, sodass die untere Seite oben liegt, in die Kante werden die beiden 12 cm langen Holzstücke geklebt. Zur Stabilisierung können kleine Reste von den Bastelhölzern mittig mit eingelegt werden, nicht zu tief, damit sie nicht mit festgeklebt werden.

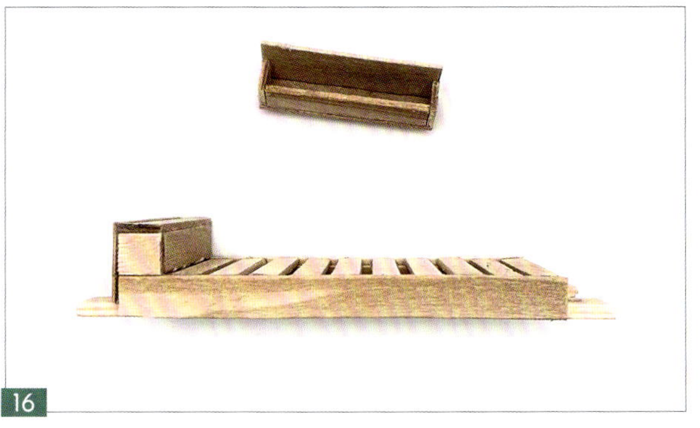
16

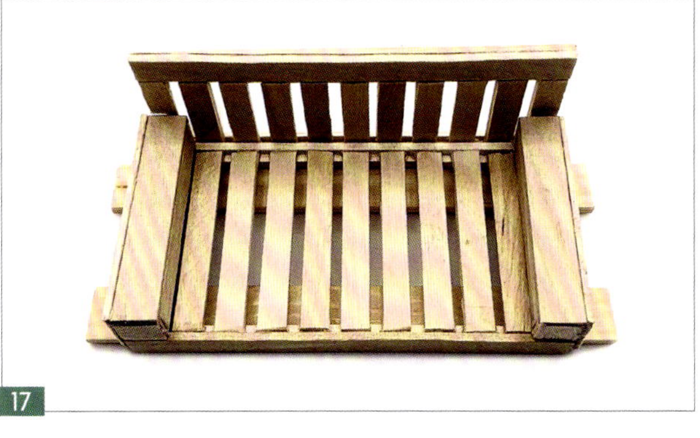
17

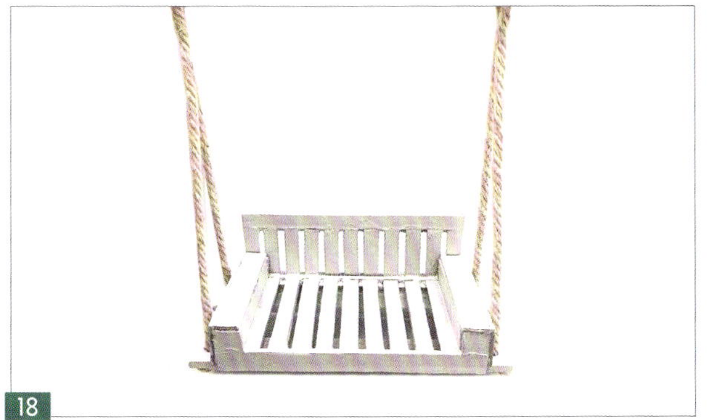
18

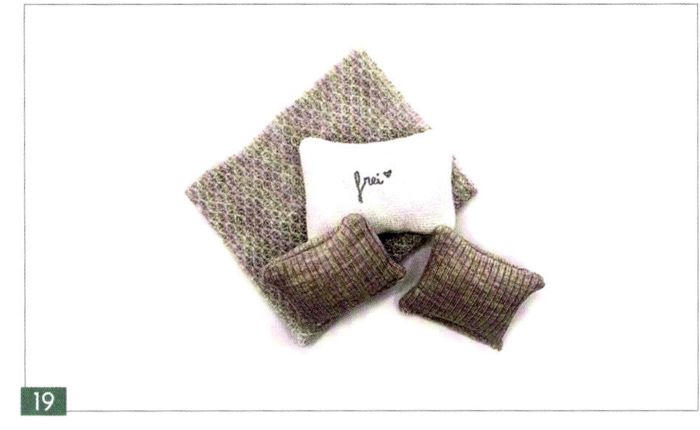

19

16.
Nun werden die beiden Armlehnen angeklebt, dabei kommt die breitere Seite nach außen.

17.
Die Rückwand wird nun als Letztes mit angeklebt. Wenn alles gut getrocknet ist, kann die Hollywoodschaukel noch mit Farbe versehen werden.

18.
Jetzt werden nur noch die Bänder eingefädelt, neu verknotet und oben wird das Rundholzstäbchen durchgezogen.

TIPP:
Die Bänder lassen sich besser einfädeln, wenn die Enden ca. 0,5 cm mit etwas Holzleim benetzt und spitz gezwirbelt werden, dann kurz trocknen lassen. Die Enden sind nun fester und somit stabiler.

19.
Zuletzt die Sitzauflage aus Stoff anfertigen, ein kleiner Umschlag von 2 cm für die Sitzfläche ist hier mit eingerechnet. Ebenso die 3 Kissen anfertigen, die Nahtzugabe beträgt hier ca. 0,5 cm und ist ebenfalls mit eingerechnet.

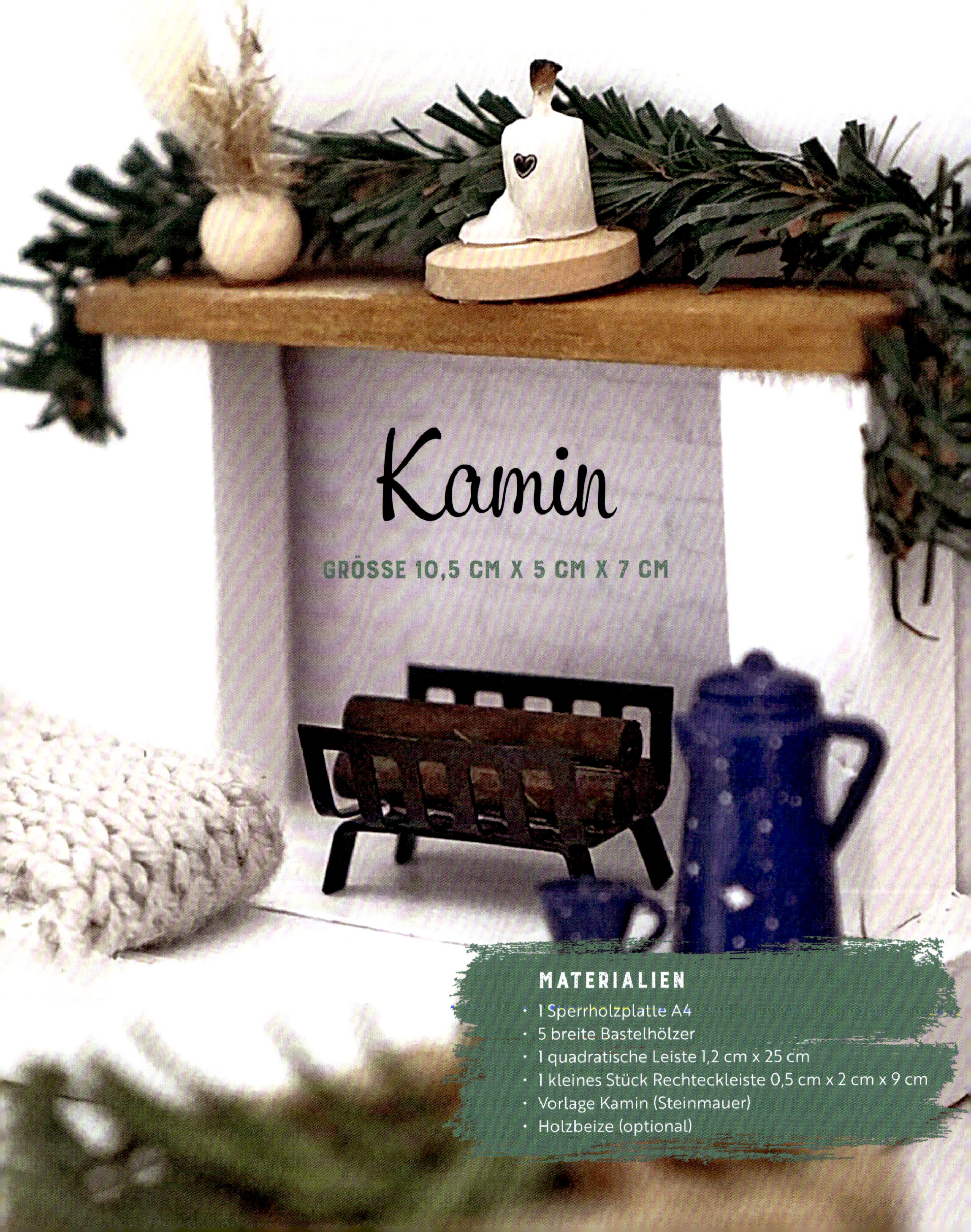

Kamin

GRÖSSE 10,5 CM X 5 CM X 7 CM

MATERIALIEN

- 1 Sperrholzplatte A4
- 5 breite Bastelhölzer
- 1 quadratische Leiste 1,2 cm x 25 cm
- 1 kleines Stück Rechteckleiste 0,5 cm x 2 cm x 9 cm
- Vorlage Kamin (Steinmauer)
- Holzbeize (optional)

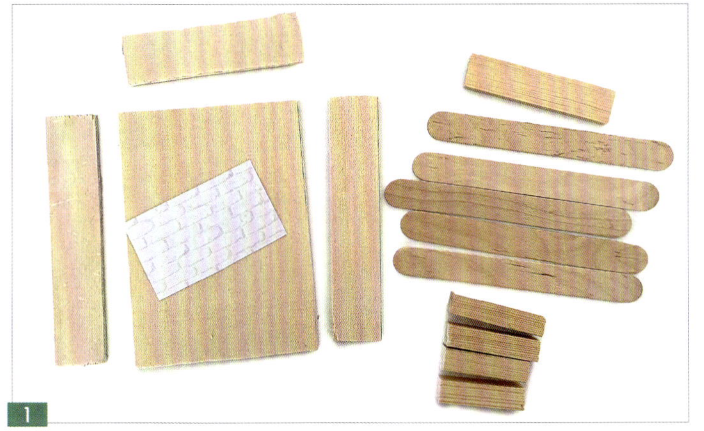

1

1.

Aus der Sperrholzplatte werden alle Teile für die Rückwand zugesägt, das Hauptteil mit 11 cm x 15 cm, 2 Seitenteile mit 3 cm x 14,6 cm und das obere Teil mit 11 cm x 3 cm. Aus der quadratischen Leiste werden 2 Stücke à 5 cm und 2 Stücke à 5,5 cm zugesägt.

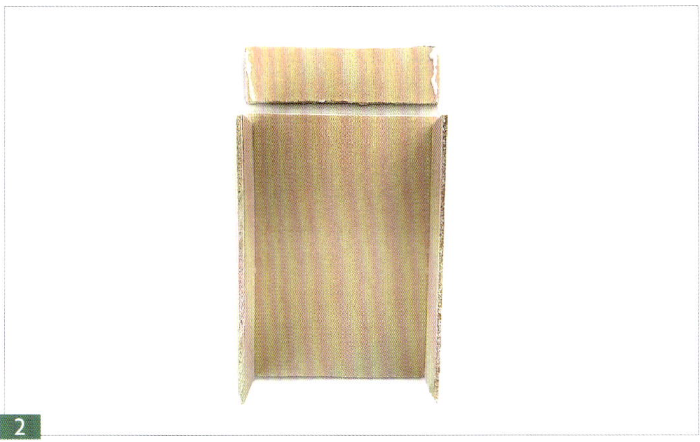

2

2.

Die zugesägten Teile für die Rückwand werden zusammengeklebt.

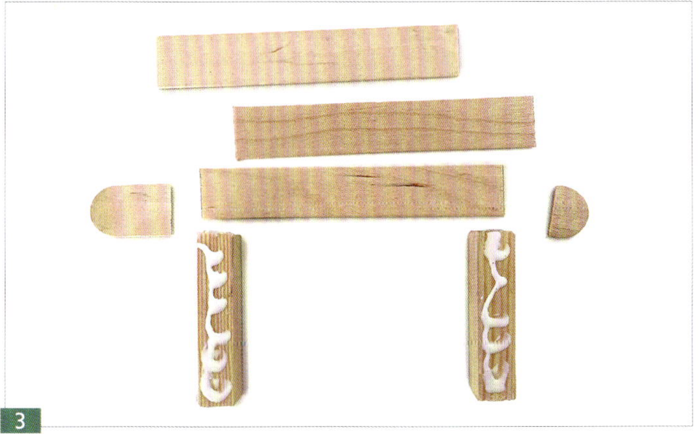

3

3.

Die breiten Bastelhölzer werden auf 10 cm gekürzt und im Anschluss gleichmäßig auf die beiden 5,5 cm langen quadratischen Leisten geklebt.

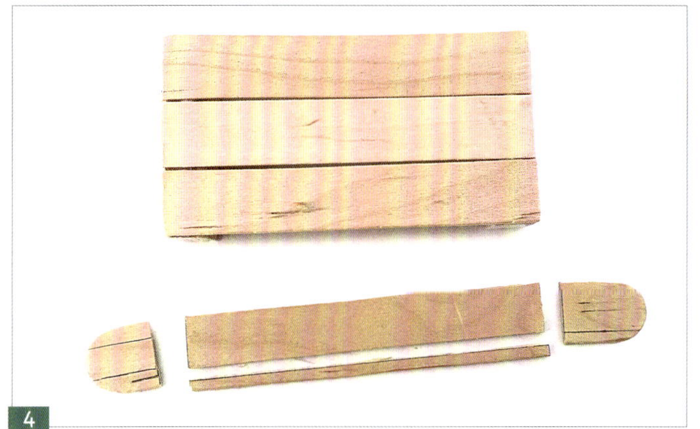
4

4.

Ein weiteres breites Bastelholz wird auch auf 10 cm gekürzt und auf 1,4 cm verschmälert und an die vordere Seite geklebt.

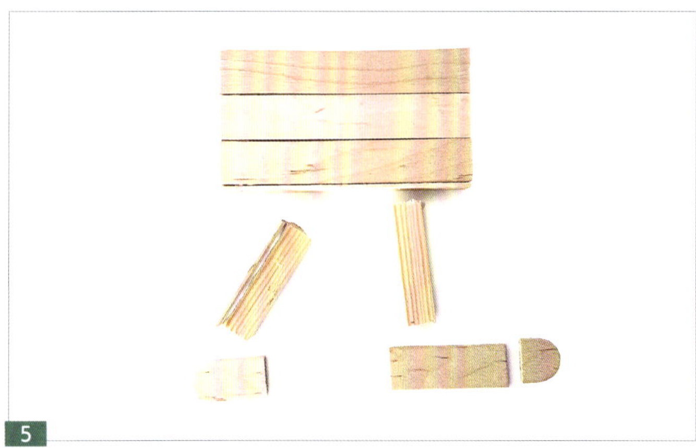
5

5.

Das nächste Bastelholz wird in 2 Teile à 5 cm zugeschnitten und an jede 5 cm lange quadratische Leiste geklebt. Alles gut trocknen lassen.

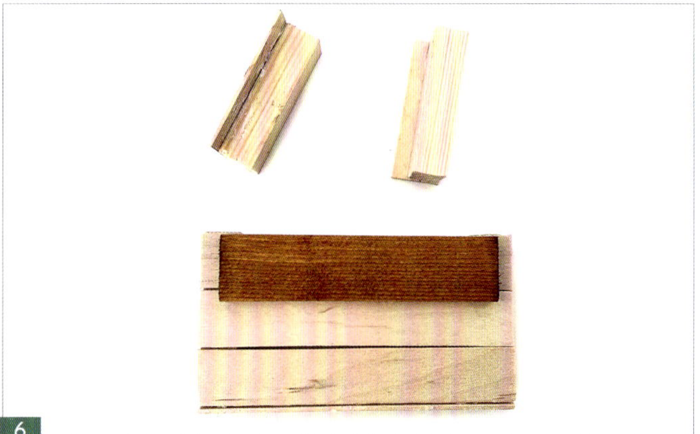
6

6.

In der Zwischenzeit kann die 9 cm lange Rechteckleiste gebeizt werden. Zum Trocknen zur Seite legen.

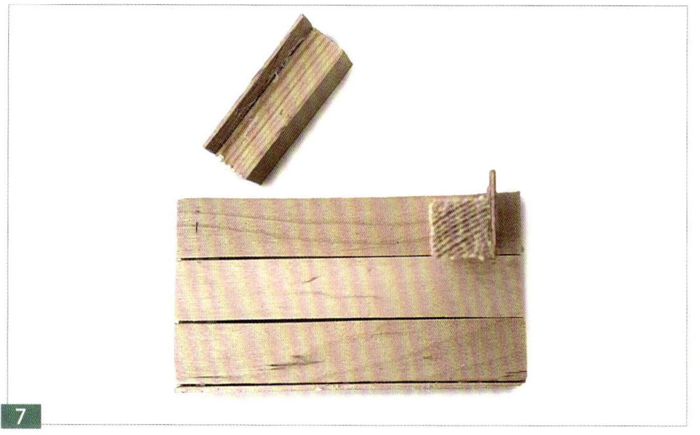
7

7.

Nun werden die beiden abgebildeten Teile 0,5 cm seitlich vom Rand entfernt aufgeklebt. Hinten enden alle gleichauf.

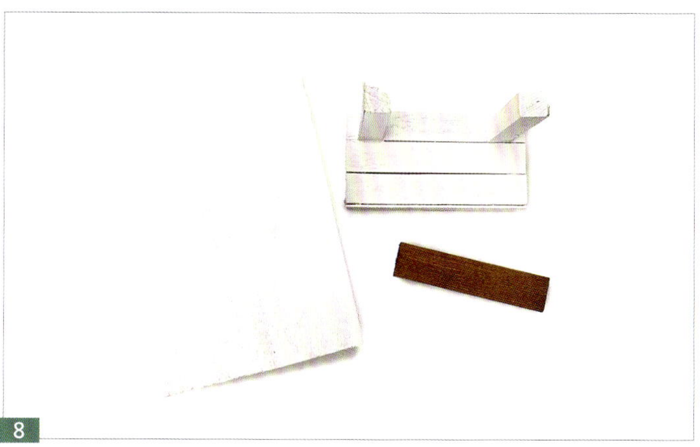
8

8.

Wenn alles gut getrocknet ist, kann der Kamin noch mit Farbe versehen werden, bis auf das optional gebeizte Holzstück.

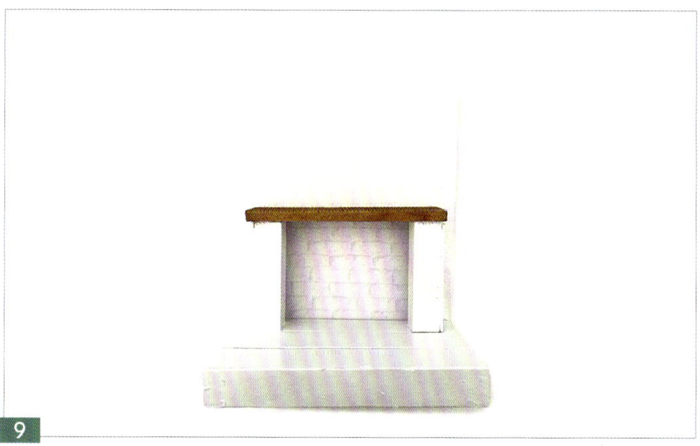
9

9.

Zum Schluss werden nun alle Teile zusammengesetzt, das Bild der Steinmauer wird hinten einfach mit angeklebt.

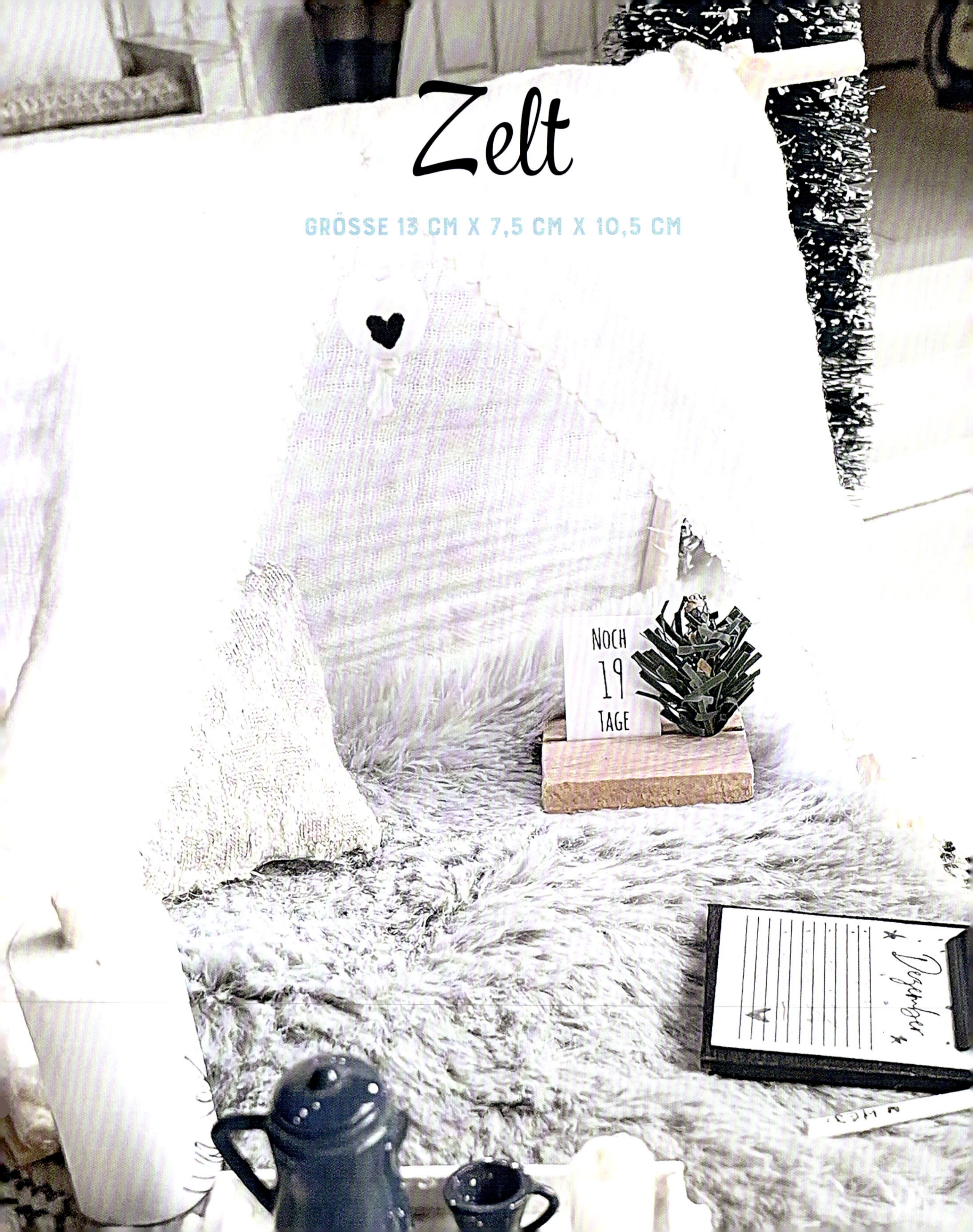
Zelt
GRÖSSE 13 CM X 7,5 CM X 10,5 CM
NOCH
19
TAGE
Dezember

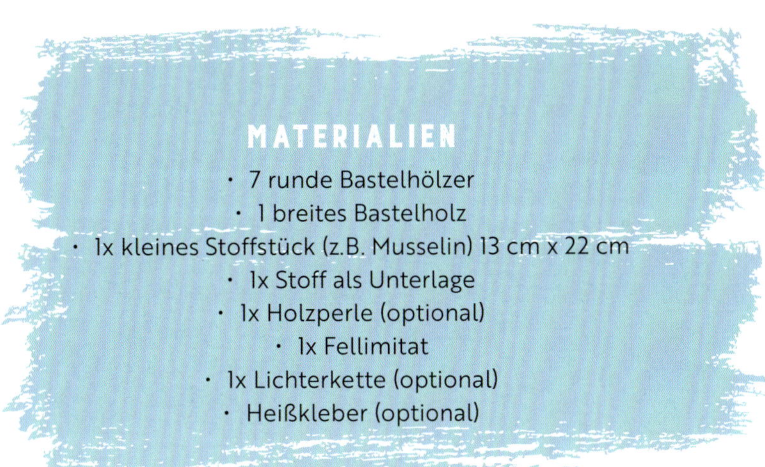

MATERIALIEN

- 7 runde Bastelhölzer
- 1 breites Bastelholz
- 1x kleines Stoffstück (z.B. Musselin) 13 cm x 22 cm
- 1x Stoff als Unterlage
- 1x Holzperle (optional)
- 1x Fellimitat
- 1x Lichterkette (optional)
- Heißkleber (optional)

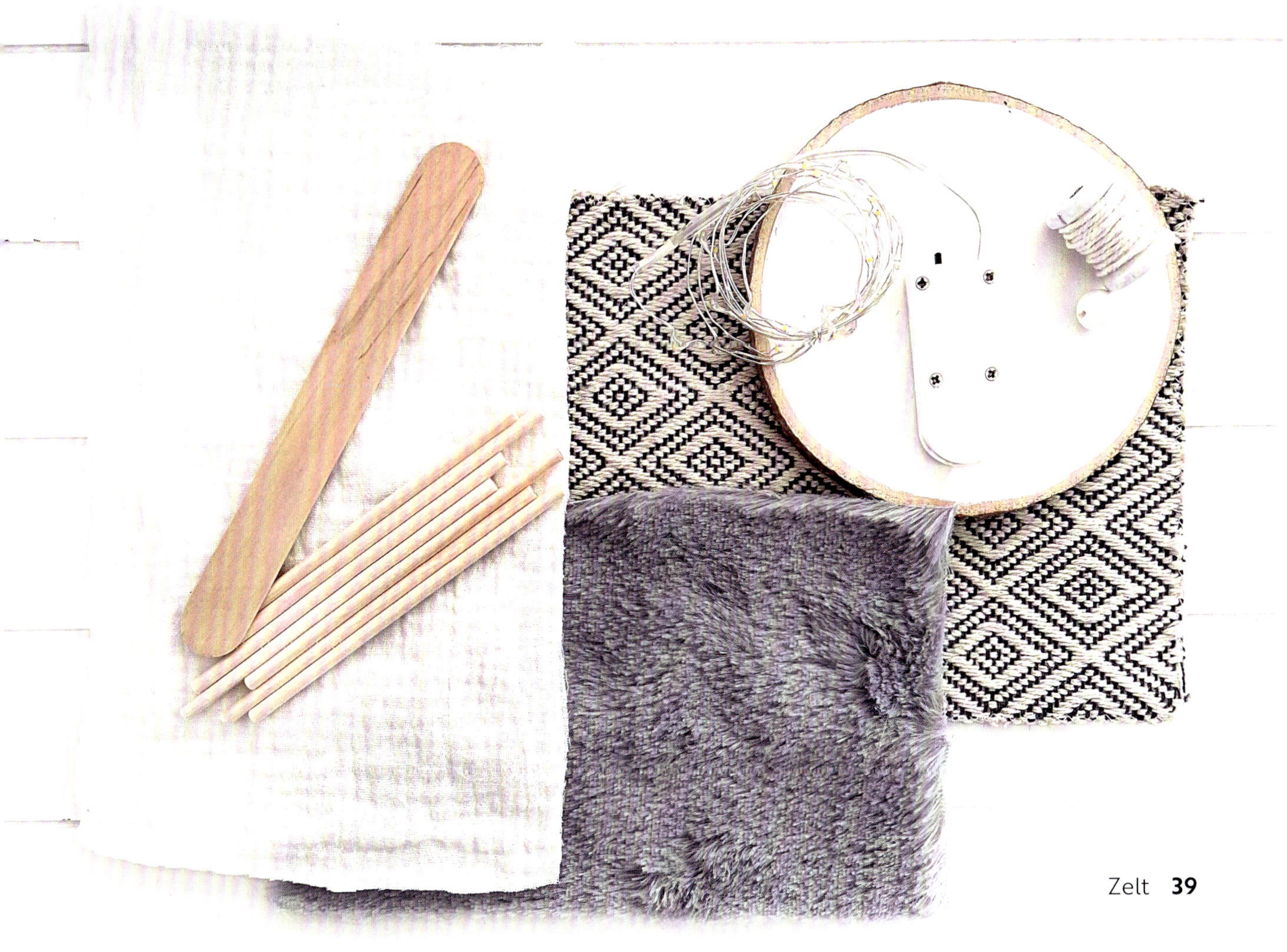

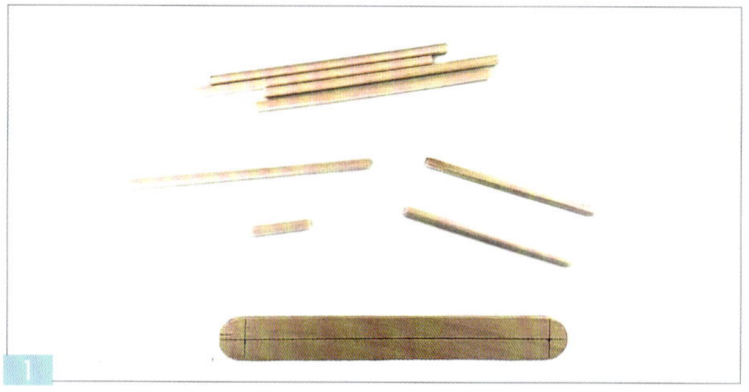

1

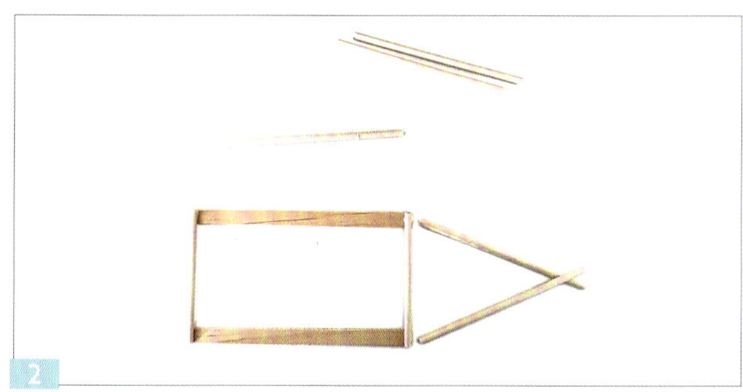

2

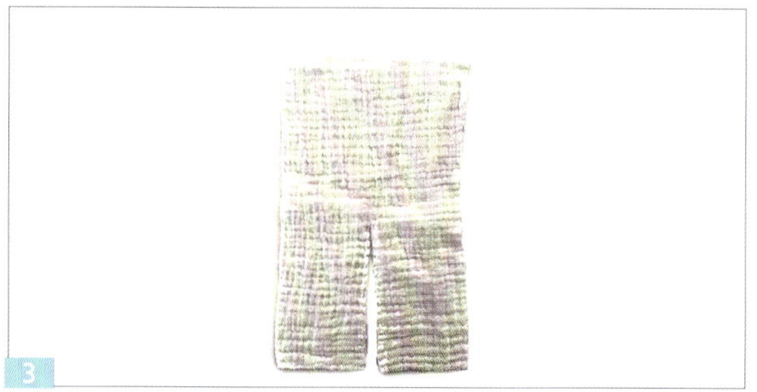

3

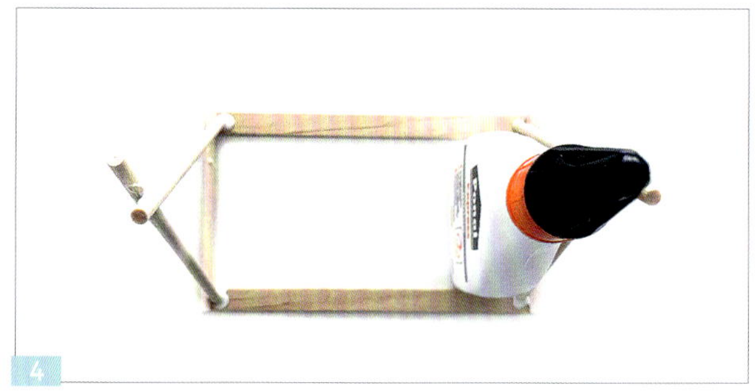

4

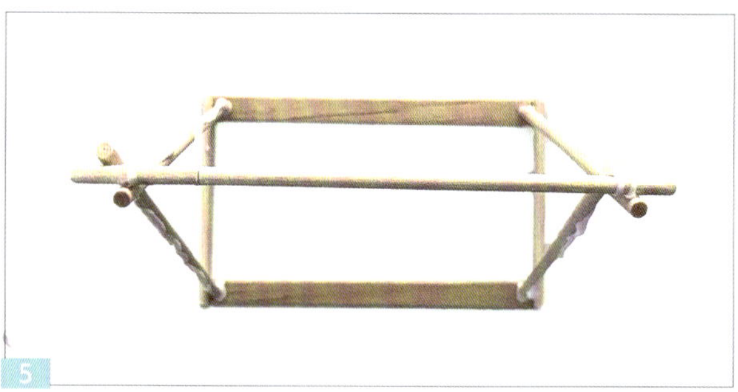

5

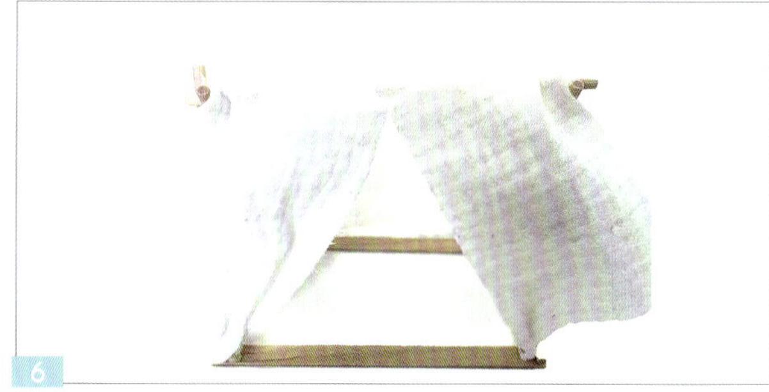

6

1.

Von den runden Bastelhölzern werden 2 auf 7,5 cm gekürzt, ein Reststück davon wird aufgehoben. Das breite Bastelholz wird längs halbiert und auf 13 cm gekürzt.

2.

Auf beide halbierten Stücke werden nun die gekürzten runde Bastelhölzer geklebt. Das vom Kürzen aufgehobenen Reststück wird an ein rundes Bastelholz geklebt. Von den restlichen 4 runden Bastelhölzern werden jeweils 2 im oberen Teil gekreuzt aneinandergeklebt und im unteren Teil so breit gelegt, wie die Unterkonstruktion des Zeltes ist. Alles trocknen lassen.

3.

In der Zwischenzeit wird das Stoffstück für das Zelt mittig 10 cm eingeschnitten. Damit der Stoff nicht aufribbelt, wurden die Schnittkanten mit Bastelleim benetzt. Alternativ kann der Stoff auch mit dem Zickzackstich einer Nähmaschine versäubert werden.

4.

Die Seitenteile werden aufgestellt und festgeklebt. Damit diese nicht zur Seite kippen, kann ein Gegenstand als Stütze zu Hilfe genommen werden.

5.
Jetzt wird das obere verlängerte runde Bastelholz aufgelegt und ebenfalls festgeklebt. Alles gut 10-15 Minuten trocknen lassen.

6.
Das Stoffstück für das Zelt wird ganz grob aufgelegt, um zu kontrollieren, ob es passt. Wenn es passt, die Seitenteile gut mit Holzleim benetzen und das Stoffstück festkleben, vorne wird alles leicht eingeschlagen und zusammengeklebt.

7.
Zwischendurch immer wieder Holzleim auftragen und alles weiter festkleben.

8.
Am unteren Ende der Rückseite wird der überschüssige Stoff unter der Unterkonstruktion angeklebt.

9.
Nun kommt der Stoff als Unterlage für das Zelt (2-3 cm größer als das Zelt) zum Einsatz und das Fellimitat, das ins Innere des Zelts gelegt werden kann (etwa 1 cm kleiner als das Zelt).

10.
Nun ist das Zelt soweit fertig und kann noch mit einer Lichterkette und mit einer Holzperle als Dekoration bestückt werden. Die Lichterkette lässt sich am besten mit Heißkleber anbringen.

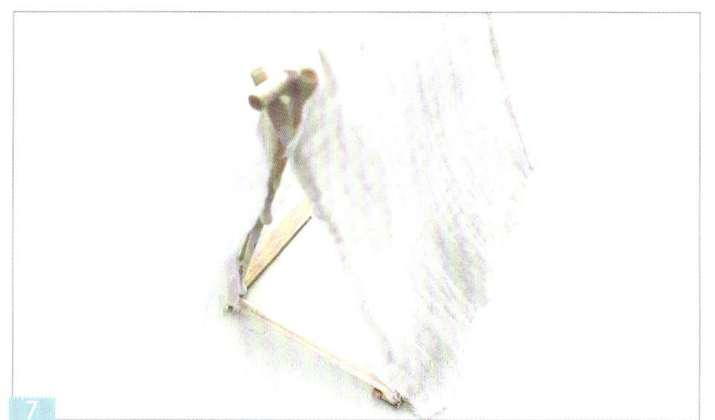
7

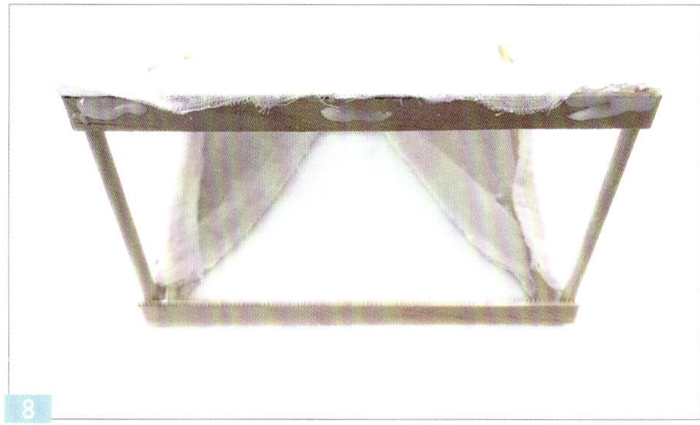
8

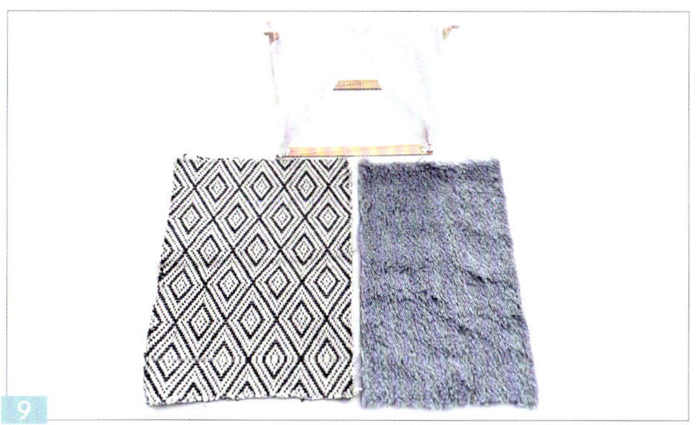
9

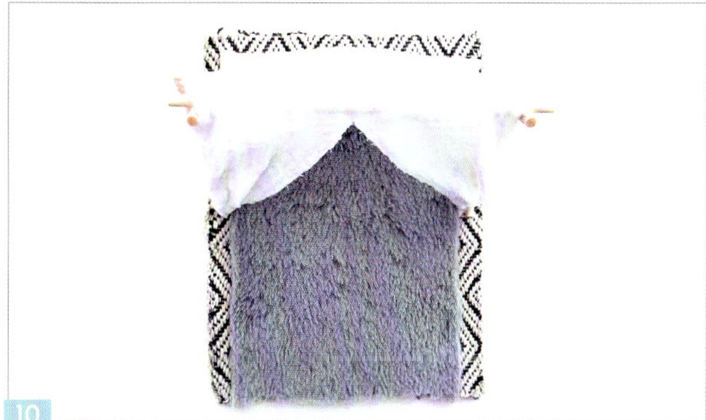
10

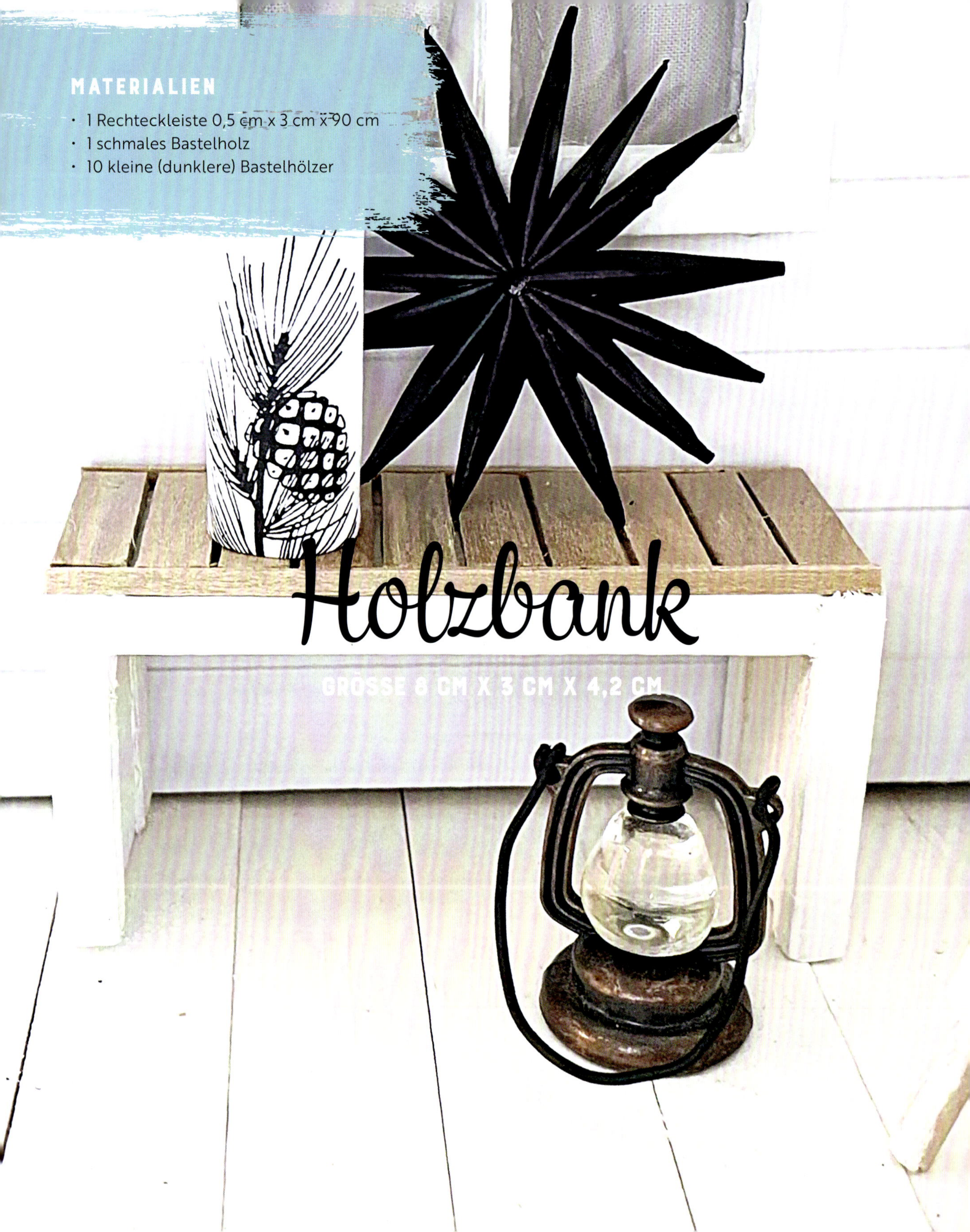

Holzbank

GRÖSSE 8 CM X 3 CM X 4,2 CM

MATERIALIEN

- 1 Rechteckleiste 0,5 cm x 3 cm x 90 cm
- 1 schmales Bastelholz
- 10 kleine (dunklere) Bastelhölzer

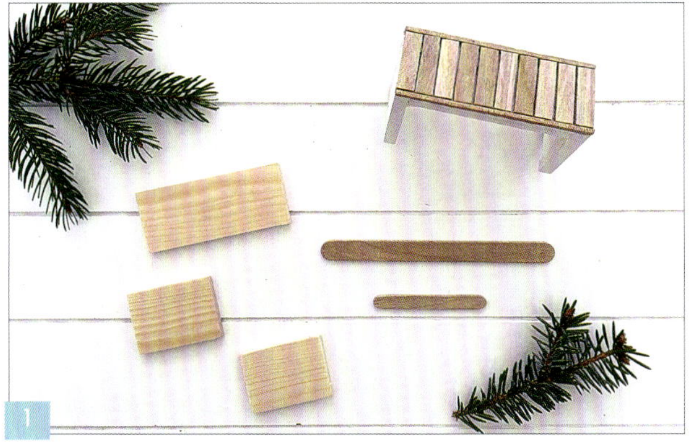
1

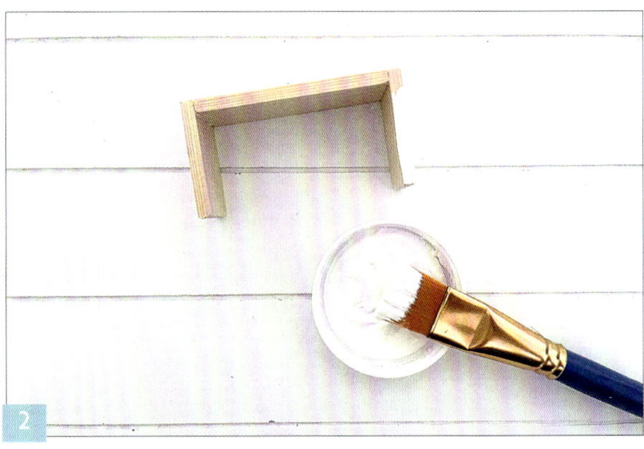
2

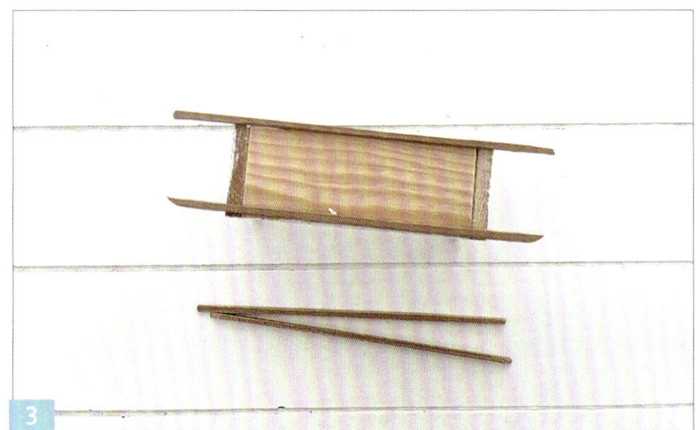
3

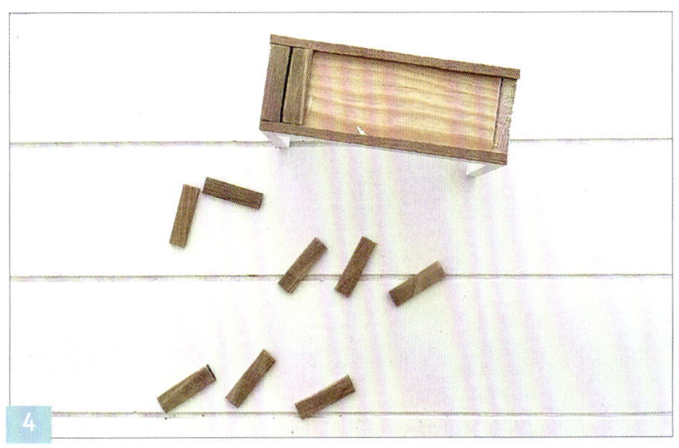
4

1.

Aus der Rechteckleiste werden 2 Stücke à 4 cm und 1 weiteres mit 8 cm zugesägt. Die benötigte Anzahl kleiner Bastelhölzer wird bereitgelegt. Einen schönen natürlichen Kontrast ergibt es mit sehr dunklen Bastelhölzern.

2.

Die zugesägten Rechteck-Holzstücke werden zusammengeklebt. Wenn alles gut getrocknet ist, kann der Korpus der Bank noch mit Farbe versehen werden.

3.

Das schmale Bastelholz wird in 2 gleich schmale Stücke von 2-3 mm geteilt, auf die Länge der Bank gekürzt und festgeklebt.

4.

Nun werden die kleinen Bastelhölzer gekürzt. Dazu die benötigte Länge zwischen den beiden zuvor geklebten Rändern ausmessen, zuschneiden und aufkleben. Fertig ist die Holzbank.

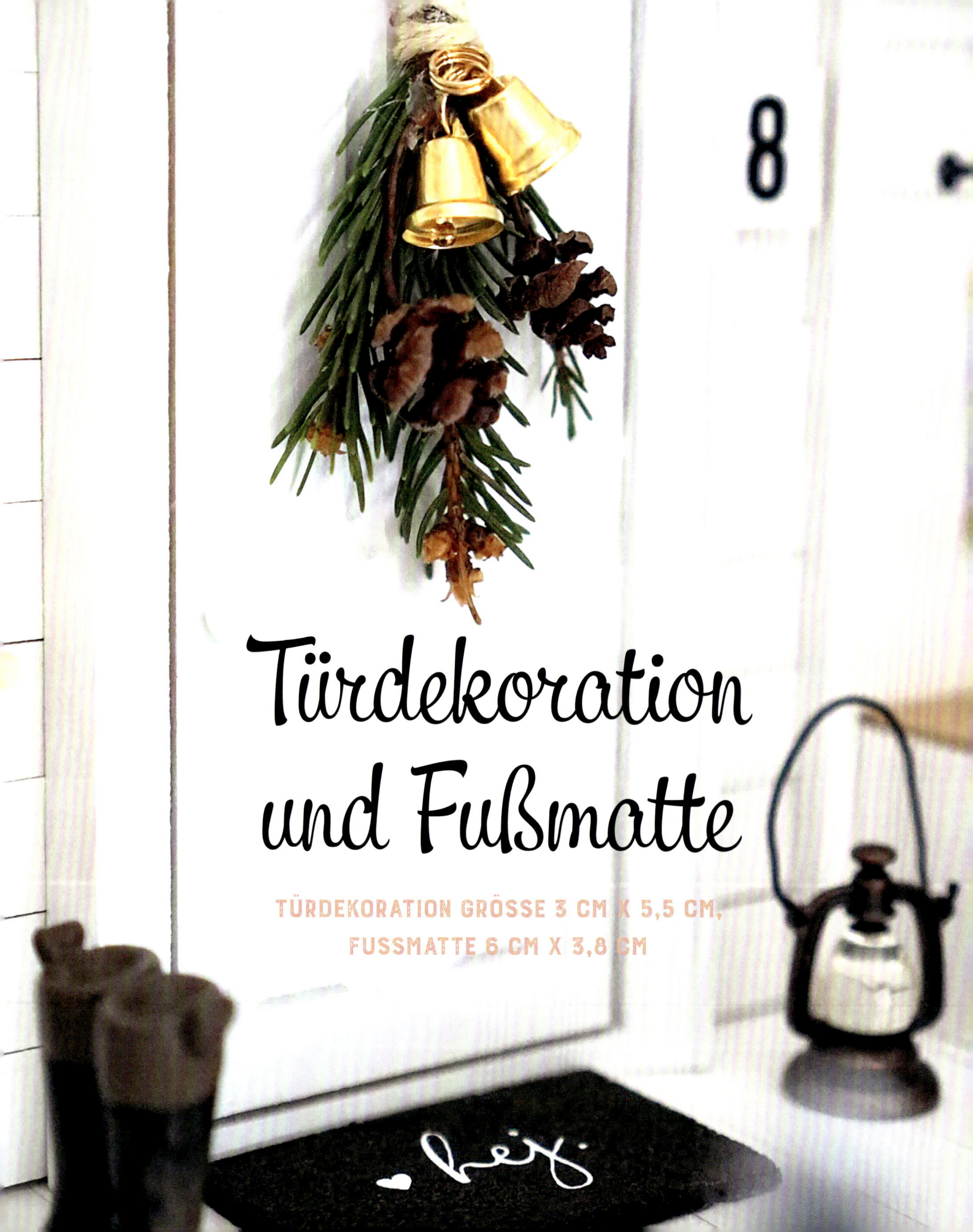

Türdekoration und Fußmatte

TÜRDEKORATION GRÖSSE 3 CM X 5,5 CM,
FUSSMATTE 6 CM X 3,8 CM

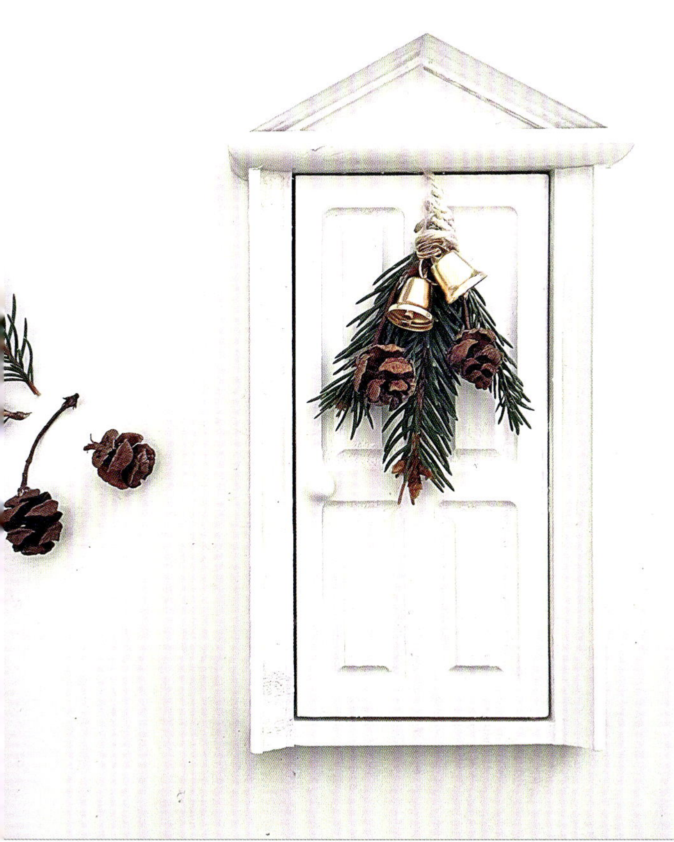

MATERIALIEN TÜRDEKORATION

- 2 natürliche oder künstliche kleine Tannenzweige von 4-6 cm lang
- 2–3 kleine Zapfen (z.B. von einer Grauerle)
- Jutegarn
- 2 kleine Glöckchen von knapp 1 cm
- Heißkleber

Die beiden Zweige werden fest mit Jutegarn umwickelt, 2-3 kleine Zapfen und die Glöckchen mithilfe von Heißkleber fixiert. Anschließend wird die Deko in die Tür gespannt.

MATERIALIEN FUSSMATTE

- Korkplatte von 2-3 mm stark
- Acrylfarbe in Wunschfarbe
- Zum Beschriften Plotter mit Vinylfolie, alternativ farbige Acrylstifte

Die Korkplatte wird für eine Fußmatte auf 6 cm x 3,8 cm zugeschnitten. Anschließend mit Farbe versehen und gut trocknen lassen. Im Anschluss die farbige Korkmatte mit Punkten, Wörtern oder Bildern verzieren.

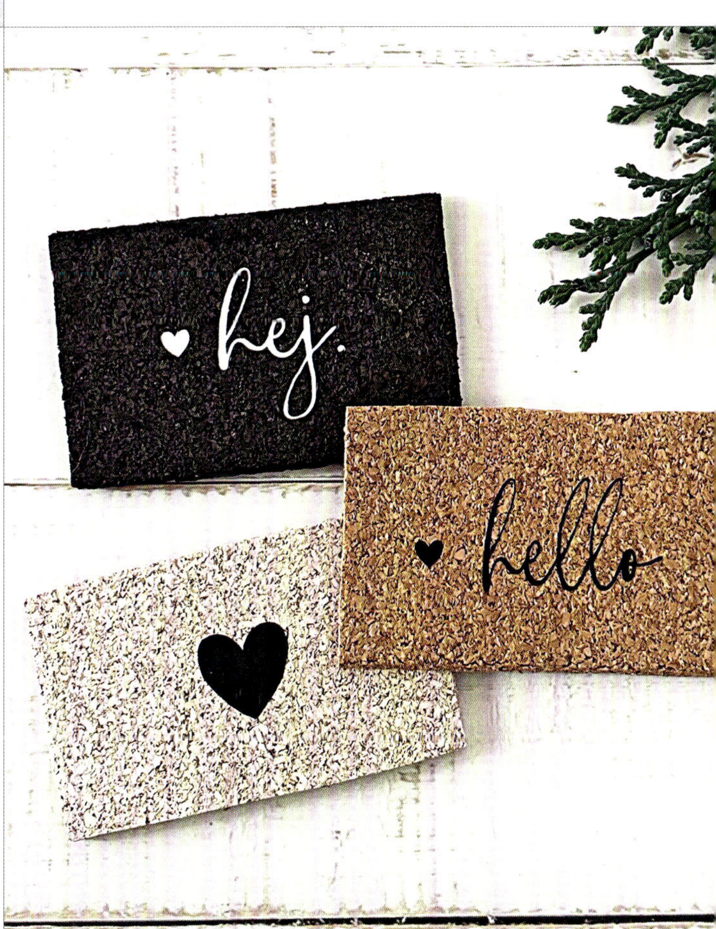

Baumschmuck und Pflanzkübel

BAUMKUGELN Ø 1 CM X 1,5 CM,
PFLANZKÜBEL 4,7 CM X 4,3 CM

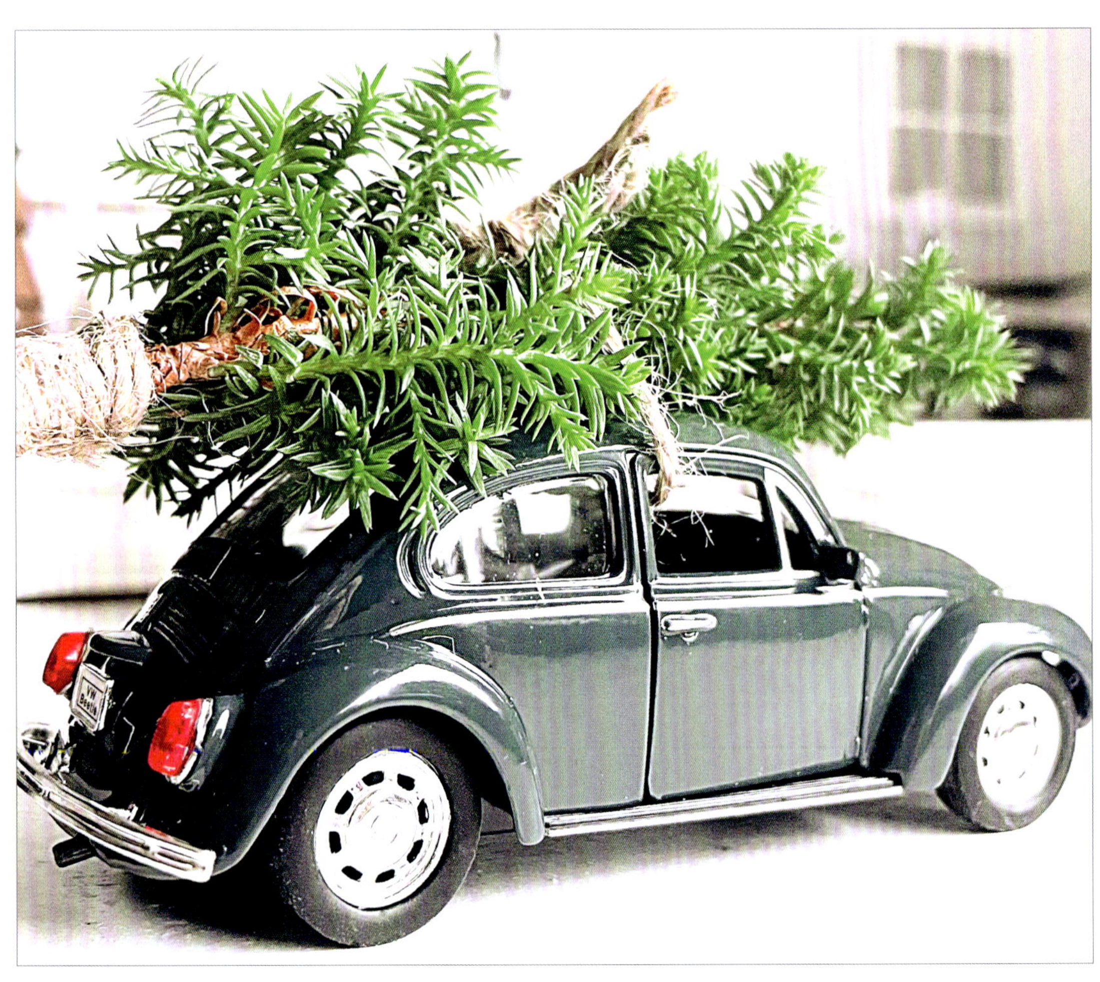

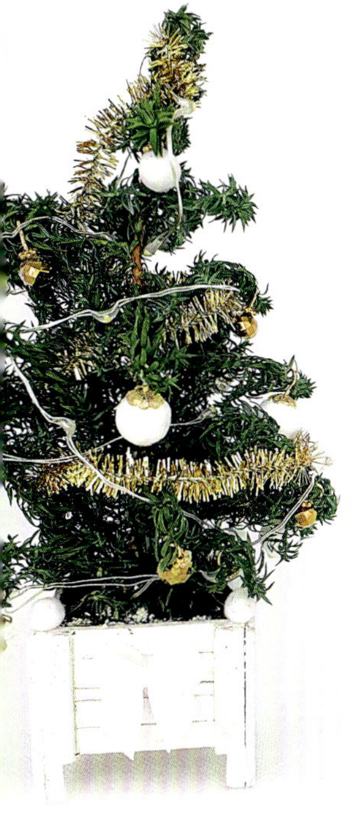

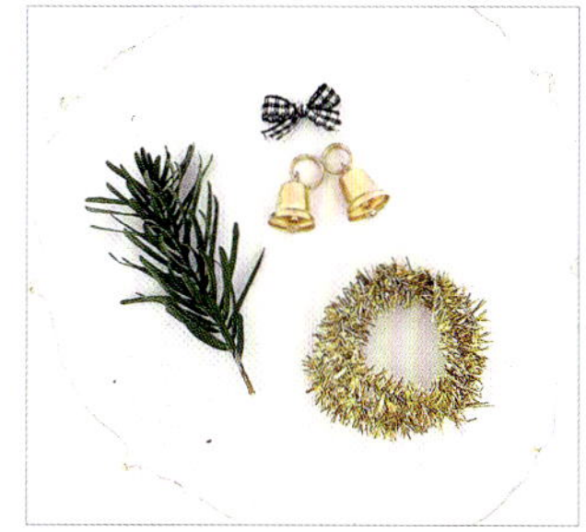

Baumschmuck

MATERIALIEN

- Für 1 Kugel:
  - Filigrankappen Ø 7mm
  - Wattekugeln Ø 10mm oder beliebig kleine Perle
  - Prismenstift Ø 0,8 x 40 mm
- Werkzeug:
  - Kettelzange
  - Seitenschneider
  - Ahle
- Weitere Deko:
  - Lichterkette
  - Chenilledraht in Gold
  - Folie
  - Vorlage Schachtel Baumschmuck

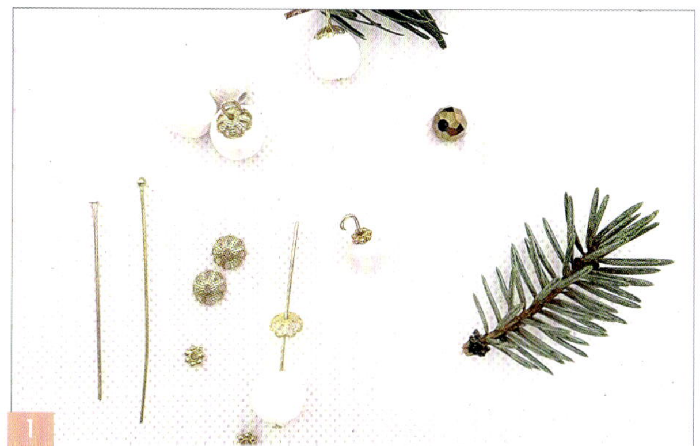

1

Um kleine Baumkugeln machen zu können, werden Filigrankappen ø 7 mm, Wattekugeln ø 10 mm, Perlen und Prismenstifte ø 0,8 mm x 40 mm benötigt, ebenso ein wenig Werkzeug wie eine Kettelzange, Seitenschneider und eine Ahle.

Mit der Ahle kleine Löcher in die Wattekugeln stechen, einen Prismenstift durchführen und oben eine Kappe aufsetzen, mit der Kettelzange eine Rundung biegen und mit dem Seitenschneider Überschüssiges abschneiden. So können die Kugeln direkt an einen Zweig gehängt werden. Statt Wattekugeln eignen sich auch kleine Perlen. Das Loch der Perlen darf dabei nur nicht größer sein als das Endstück des Prismenstiftes.

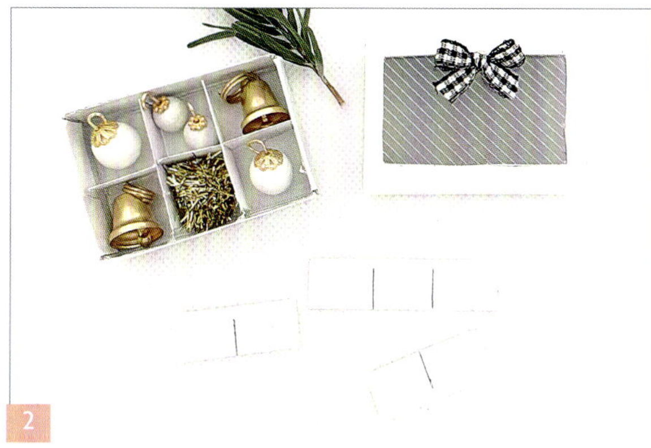

2

Richtig hübsch verpacken und dekorieren lässt es sich mit einer Schachtel für den Baumschmuck. Dafür die Vorlage (alternativ Streichholzschachtel) ausdrucken, ausschneiden und falzen. Das Sichtfenster von unten mit einer Folie verdecken (Folie aus Verpackungsmaterial nutzen). Die kleinen Unterteilungen werden ineinandergesteckt.

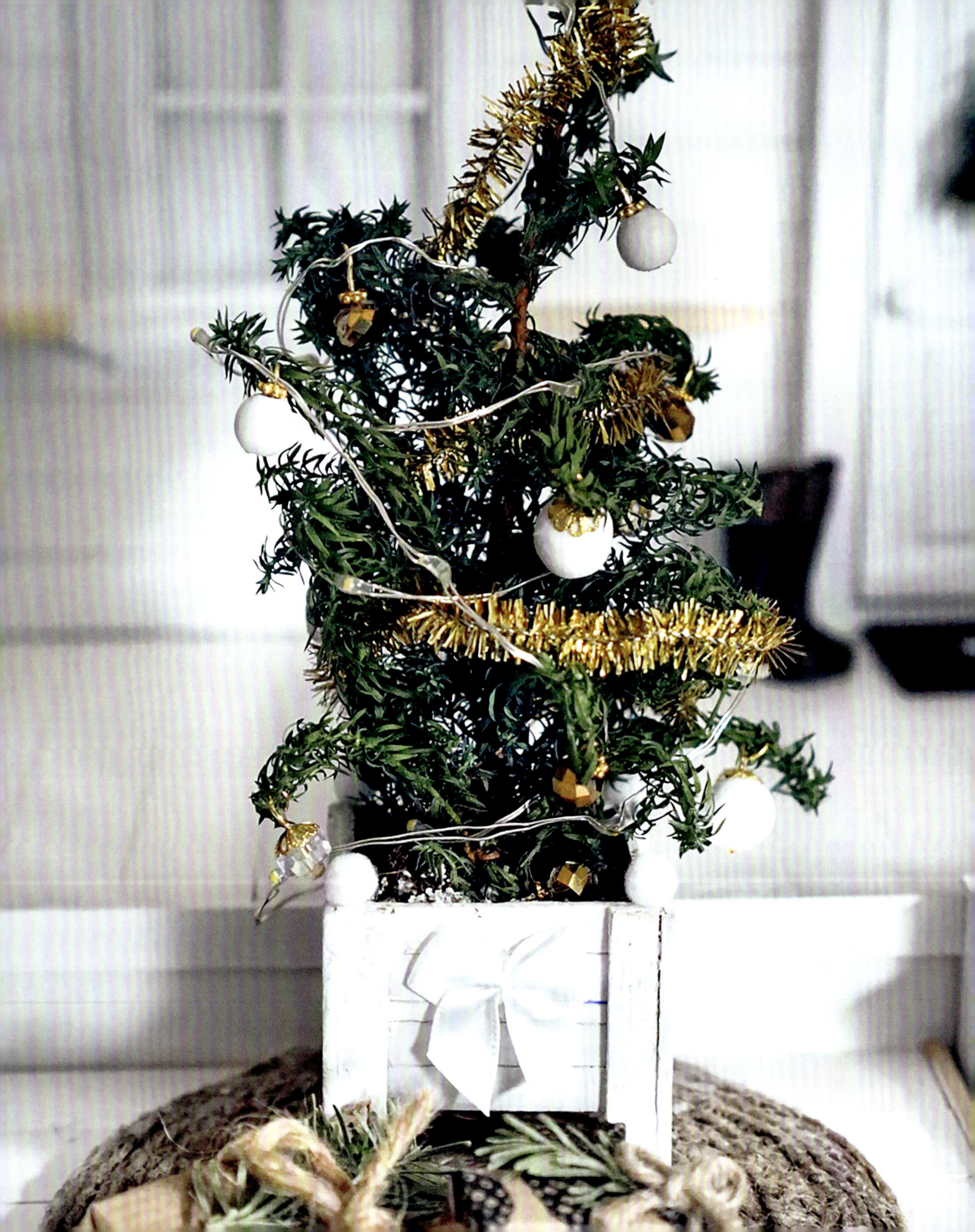

Pflanzenkübel

MATERIALIEN

- 20 kleine Bastelhölzer, je 4 cm lang
- 1 breites Bastelholz
- 5 schmale Bastelhölzer
- Papier
- Folie

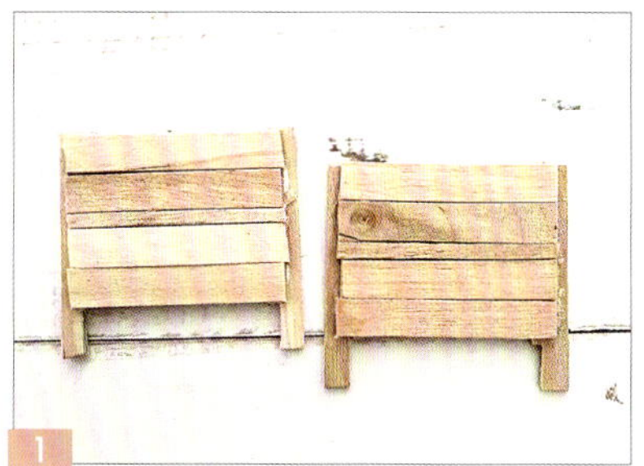
1

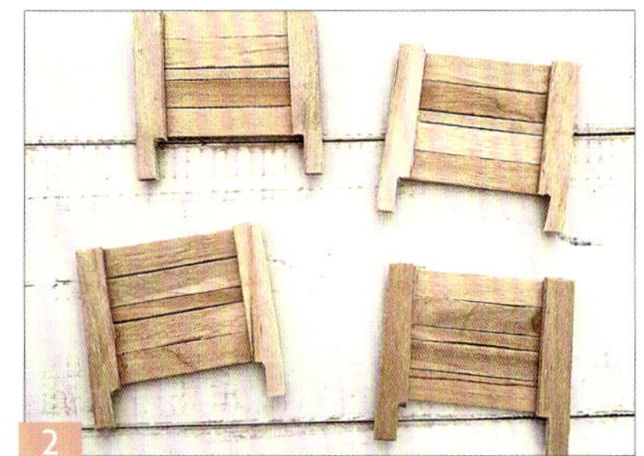
2

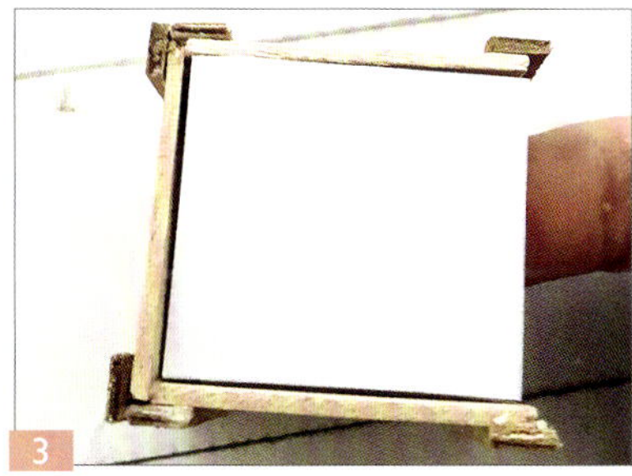
3

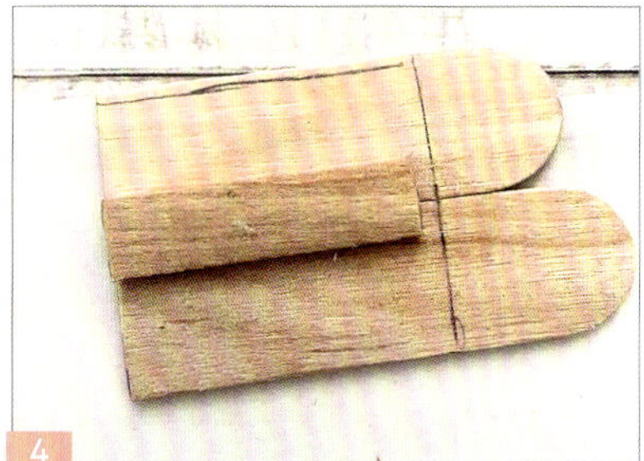
4

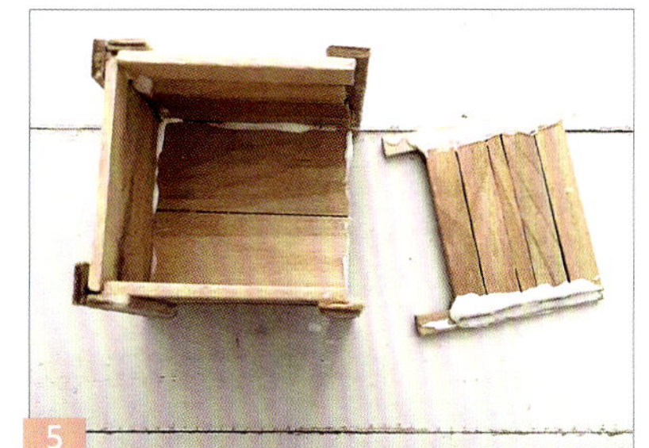
5

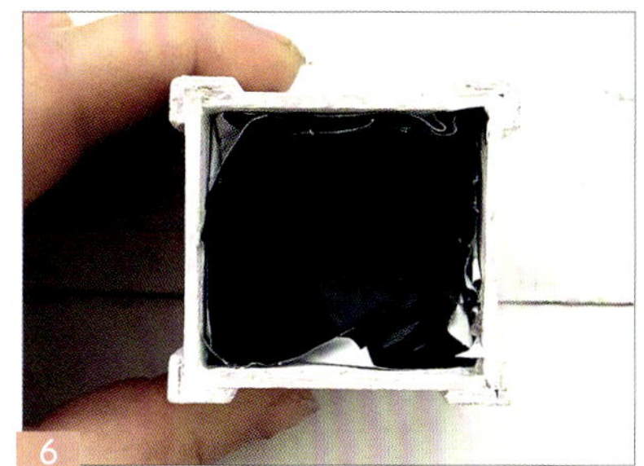
6

1.

Nun werden die kleinen Bastelhölzer auf jeweils 2 Seitenteile geklebt, dabei wird ein Rand von ca. 3 mm gelassen. Pro Seite (insgesamt 4) werden ca. 4,5 kleine Bastelhölzer gebraucht. Die Seitenteile des Pflanzkübels bekommen ca. 1 cm von unten eine kleine Aussparung (optional).

2.

Der Vorgang wird noch 3-mal wiederholt, bis alle 4 Teile fertig sind.

3.

Jetzt wird der Boden ermittelt. Dazu ein Stück Papier so zuschneiden, dass es genau passt. Dieses Stück Papier dient im nächsten Schritt als Vorlage.

4.

Für den Boden werden 2 breite Bastelhölzer aneinandergeklebt. Zur Fixierung dient 1 Stück von einem schmalen Bastelholz, das ebenfalls aufgeklebt wird. Dann wird die Vorlage übertragen.

5.

3 Teile des Pflanzkübels werden mit dem Boden zusammengeklebt, erst zum Schluss kommt das 4. und letzte Teil dazu.

6.

Wenn alles gut getrocknet ist, kann der Pflanzkübel noch mit Farbe versehen werden. Zum Schutz vor Feuchtigkeit und Nässe bei Nutzung einer echten Pflanze mit Folie auskleiden.

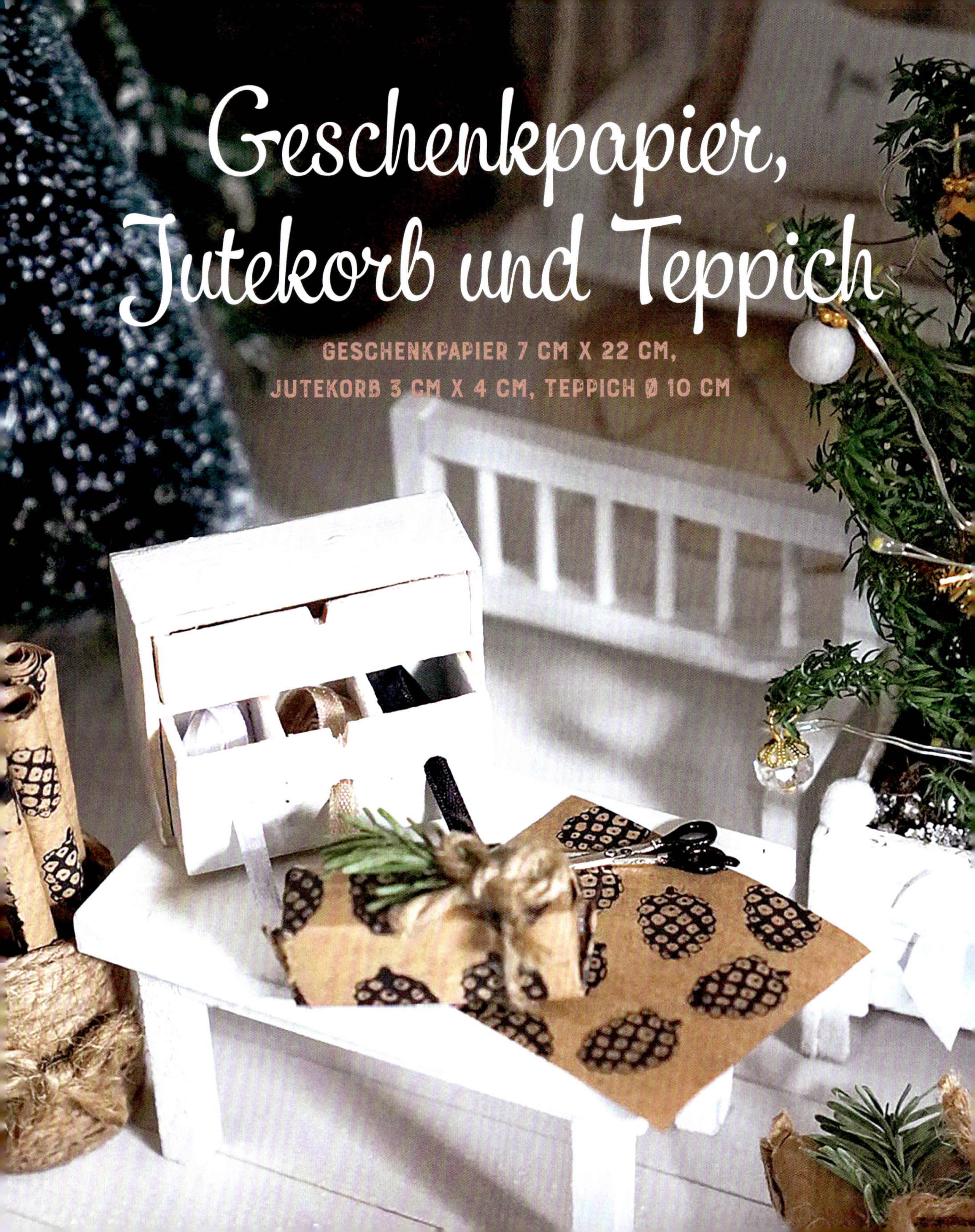

Geschenkpapier, Jutekorb und Teppich

GESCHENKPAPIER 7 CM X 22 CM,
JUTEKORB 3 CM X 4 CM, TEPPICH Ø 10 CM

MATERIALIEN GESCHENKPAPIER

- Normalpapier als Unterlage
- Braunes Packpapier
- Stempel und Stempelfarbe
- Zahnstocher
- Washi Tape

MATERIALIEN JUTEKORB & TEPPICH

- Jutegarn
- Leere Toilettenpapierrolle
- Holzleim

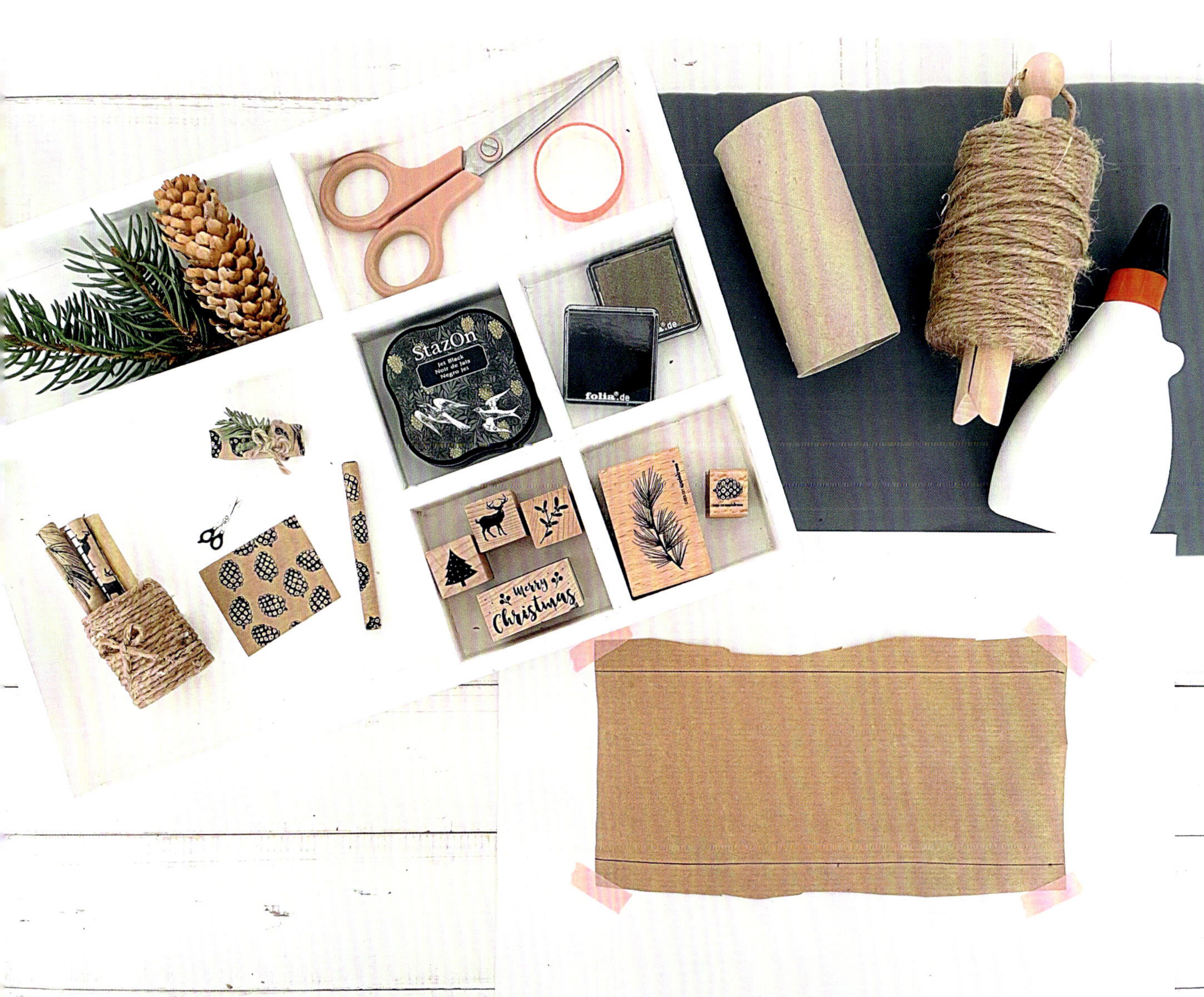

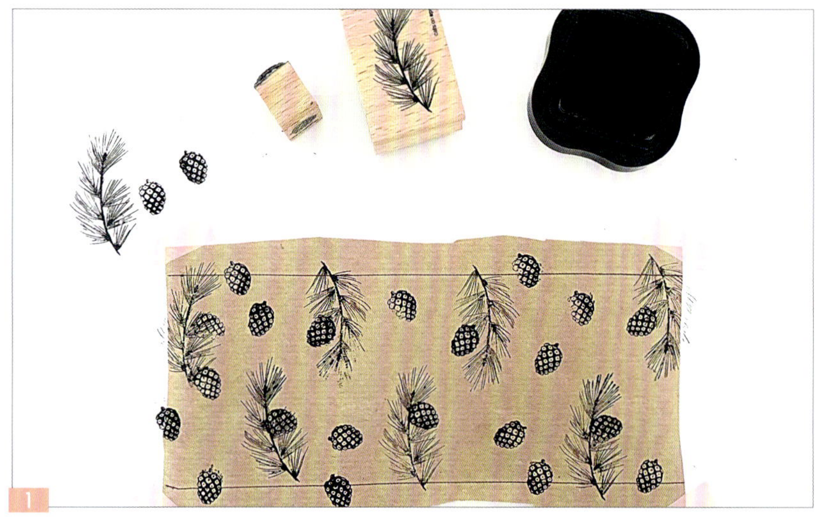

1

Geschenkpapier

1.

Das braune Papier mit Washi Tape auf dem Normalpapier fixieren. Die Größe des späteren Geschenkpapiers markieren: 7 cm hoch und 22 cm lang. Nun wird das Geschenkpapier gestempelt.

TIPP: Auch gekauftes Geschenkpapier mit kleinen Motiven lässt sich dafür gut nutzen.

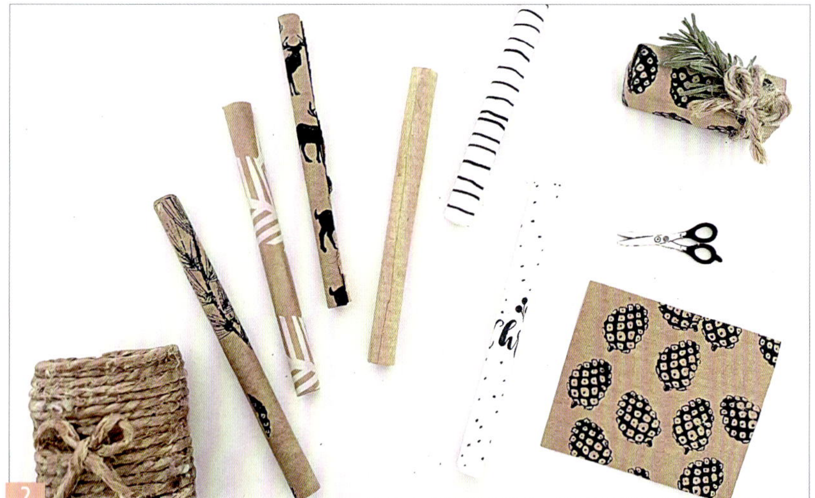

2

2.

Das fertige Geschenkpapier wieder lösen, an der markierten Linie ausschneiden und mithilfe eines Zahnstochers einrollen, die Enden festkleben, damit es sich nicht wieder entrollt.

Für die spätere Dekoration eignen sich auch kleinere gestempelte Stücke, ebenso 1-2 eingepackte Geschenke.

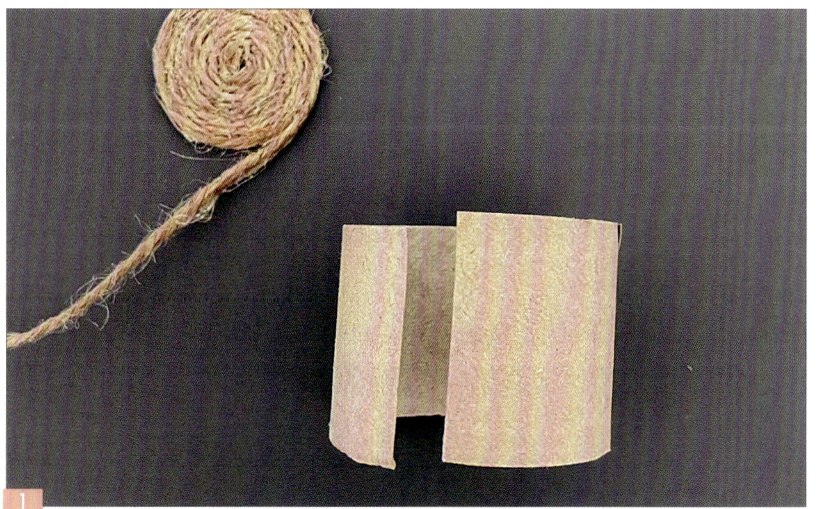

1

Jutekorb

1.

Mit Holzleim benetztes Jutegarn wickeln, bis eine Schnecke mit Ø 3,5 cm entstanden ist. Antrocknen lassen. In der Zwischenzeit aus der Toilettenpapierrolle ein 3,5 cm x 10 cm großes Stück ausschneiden, seitlich etwas überlappend festkleben und auf die gewickelte Schnecke setzen.

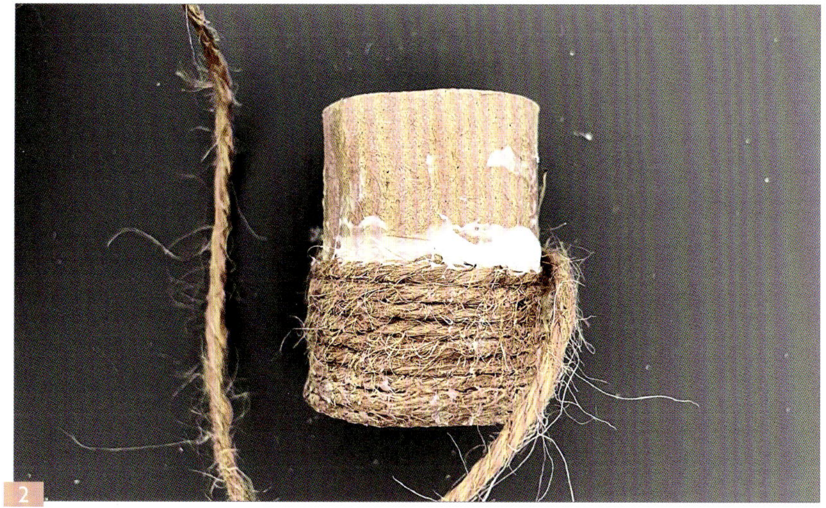

2.

Nun wird die Toilettenpapierrolle mit Juteschnur umwickelt.

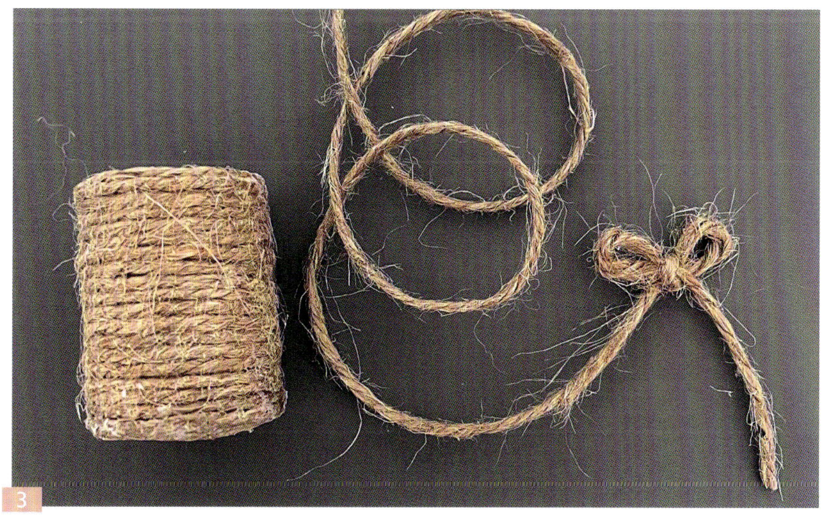

3.

Oben angekommen werden nun die letzten 1-2 Runden nach innen gerichtet gewickelt, damit wird die Papierrolle etwas verdeckt. Optional kann noch eine kleine Schleife aufgeklebt werden, ebenfalls aus Jutegarn.

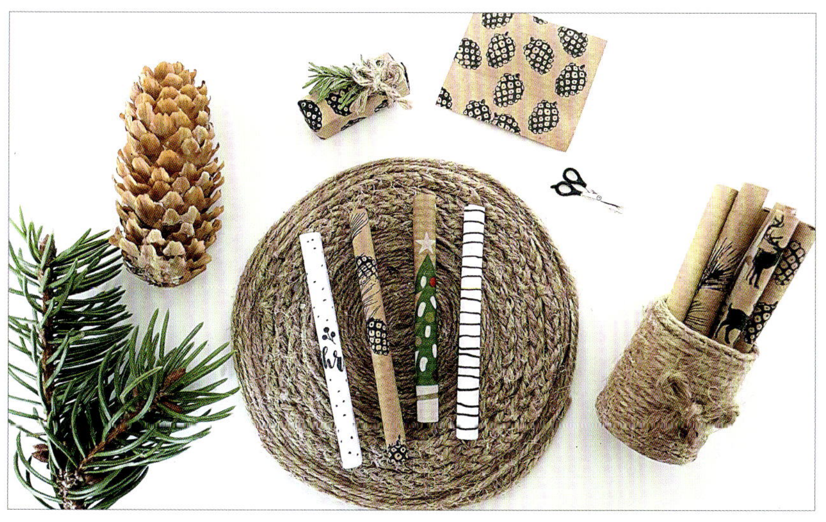

Teppich

So wie eben der Boden für den Jutekorb gewickelt wurde, wird auch der Teppich hergestellt. Dafür kann zuvor geflochtenes Jutegarn mit genutzt werden. Anfang und Ende immer gut mit festkleben.

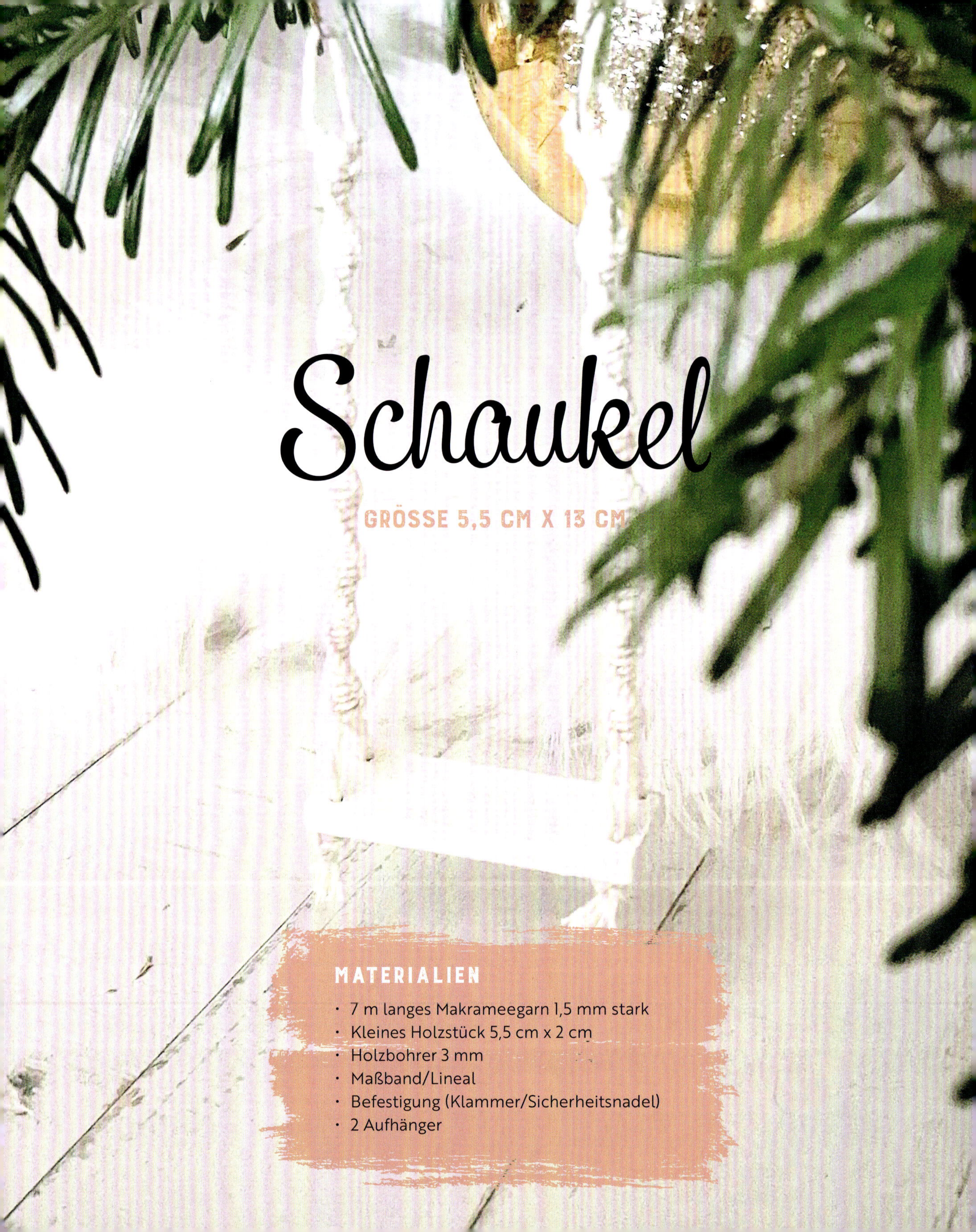

Schaukel

GRÖSSE 5,5 CM X 13 CM

MATERIALIEN

- 7 m langes Makrameegarn 1,5 mm stark
- Kleines Holzstück 5,5 cm x 2 cm
- Holzbohrer 3 mm
- Maßband/Lineal
- Befestigung (Klammer/Sicherheitsnadel)
- 2 Aufhänger

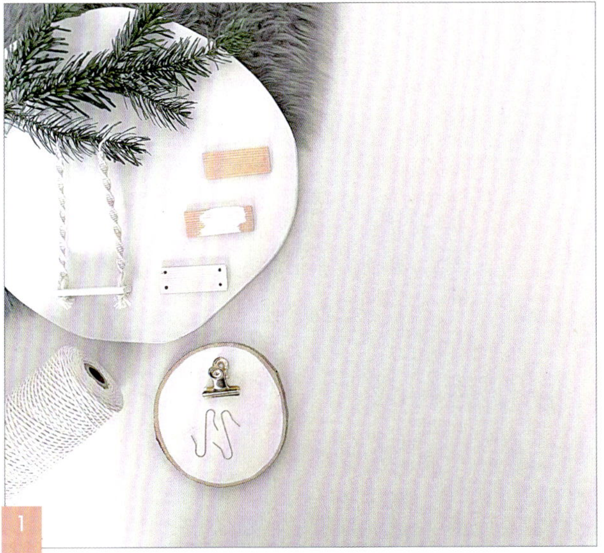
1

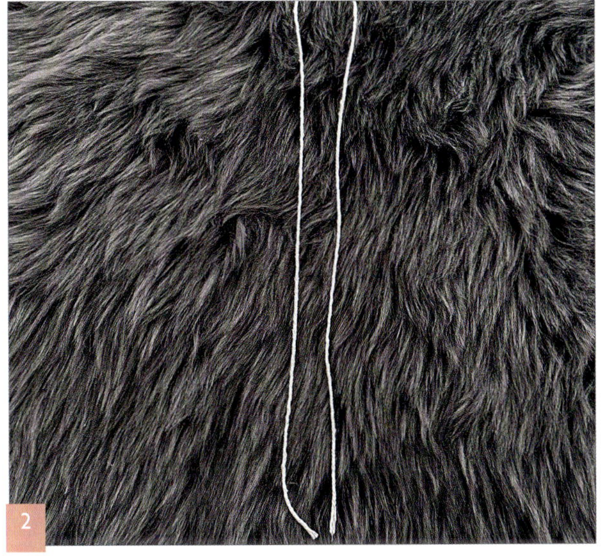
2

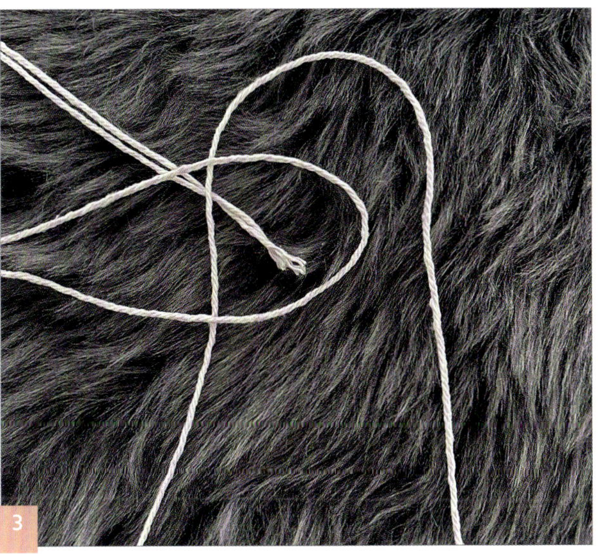
3

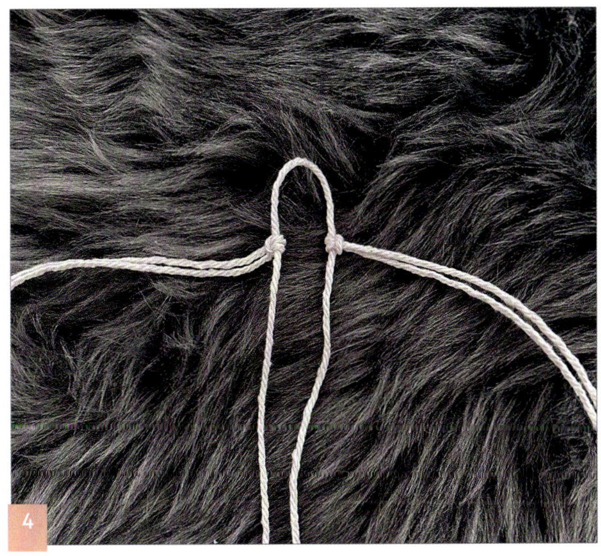
4

1.

Das Holzstück bei Bedarf mit Farbe versehen und nach dem Trocknen 4 Löcher bohren. Das Makrameegarn wird in 2 x 50 cm und 4 x 150 cm lange Fäden geschnitten. Für jede Seite wird 1 kurzer Faden (Trägerfaden) und 2 lange Fäden (Arbeitsfäden) benötigt.

2.

Den 50 cm langen Trägerfaden zurechtlegen.

3.

An den zuvor gelegten Faden wird nun auf beiden Seiten jeweils 1 langer Arbeitsfaden geknotet. Dazu den Arbeitsfaden mittig nehmen und **auf** eine Seite des Trägerfadens legen, die beiden Enden des Arbeitsfaden werden **unter** dem Trägerfaden durch die entstandene Schlaufe des Arbeitsfadens geführt und festgezogen.

4.

Die entstandenen Knoten werden mit einem Abstand von 5 cm positioniert. Nur noch die außen liegenden Fäden werden in den nächsten Schritten die Arbeitsfäden sein, alle innen liegenden die Trägerfäden. Es wird durchgehend **von links** geknotet.

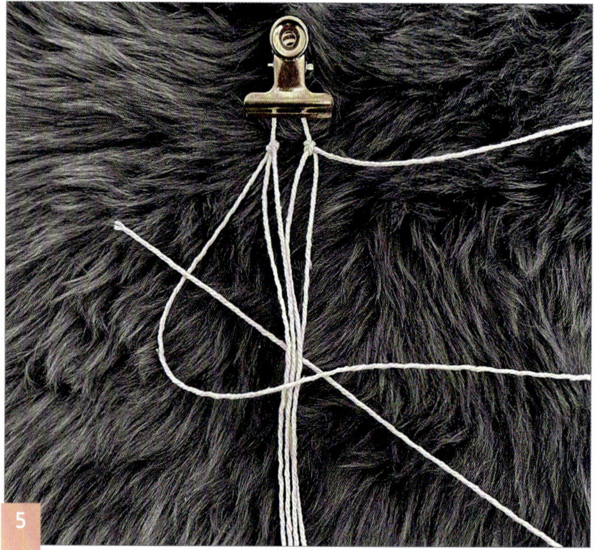

5

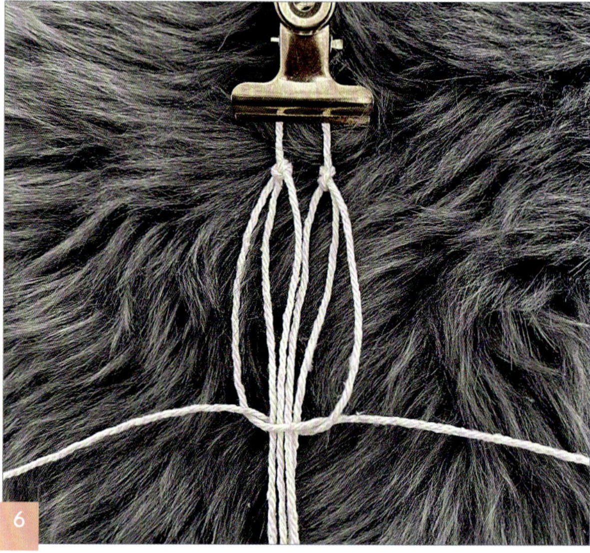

6

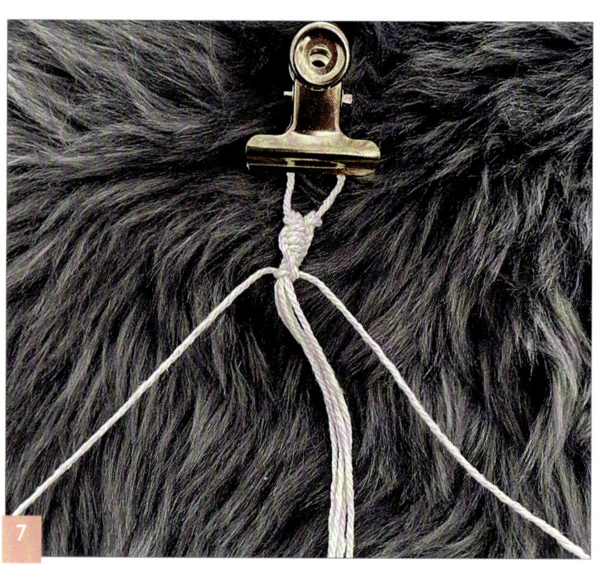

7

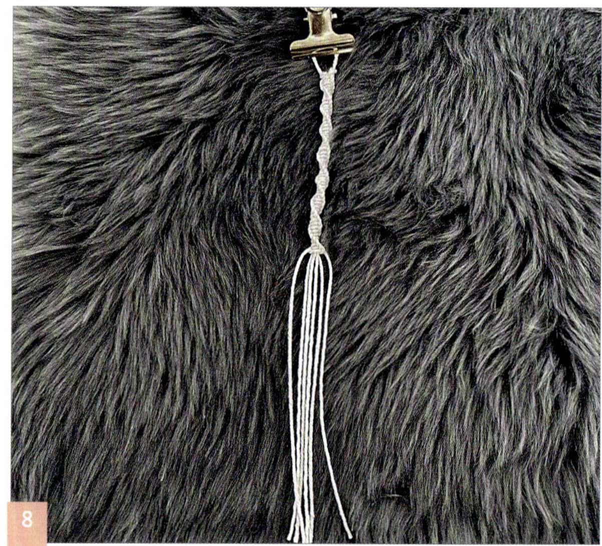

8

5.

Der äußere linke Arbeitsfaden wird nun **über** die Trägerfäden gelegt. Das Ende des rechten Arbeitsfadens wird unter die Trägerfäden und über den linken Arbeitsfaden gelegt.

6.

Nun wird fest an beiden Arbeitsfäden gezogen, sodass ein halber Knoten entsteht. Währenddessen werden die Trägerfäden straff gehalten.

7.

Diese Schritte werden nun immer wiederholt, es entsteht eine Spirale, ab dem 6. halben Knoten kann die Spirale leicht nach rechts gedreht werden, sodass die beiden Arbeitsfäden wieder links und rechts liegen.

8.

Das wird so oft wiederholt, bis ein ca. 9 cm langes spiralförmiges Seil entstanden ist, alle Fäden werden dann auf derselben Höhe gekürzt.

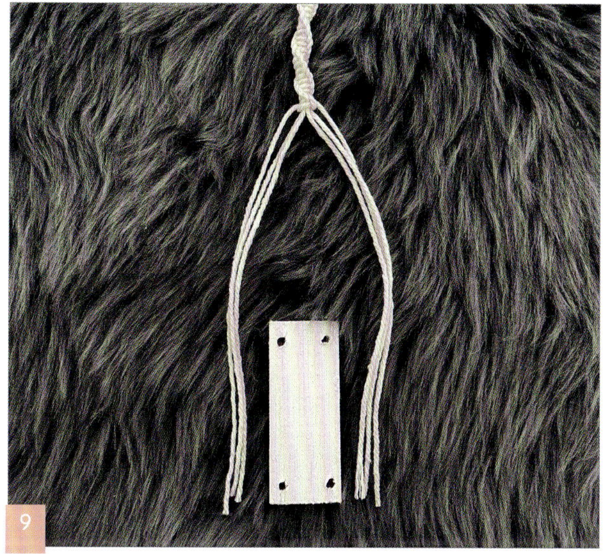
9

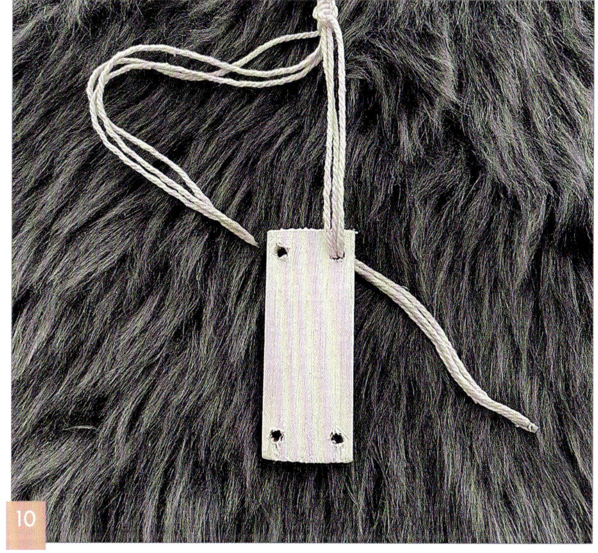
10

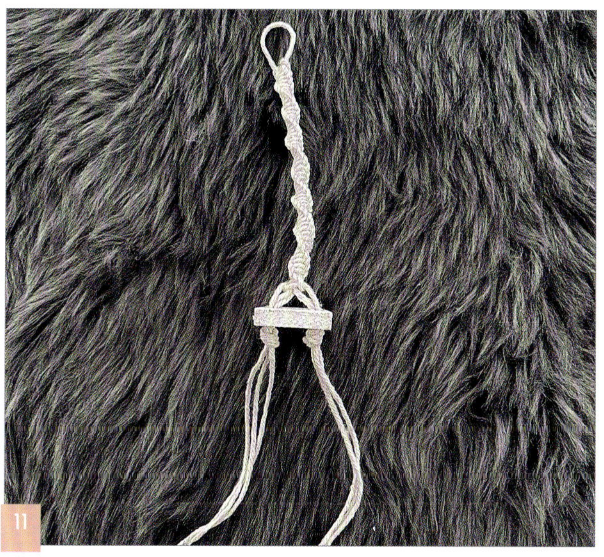
11

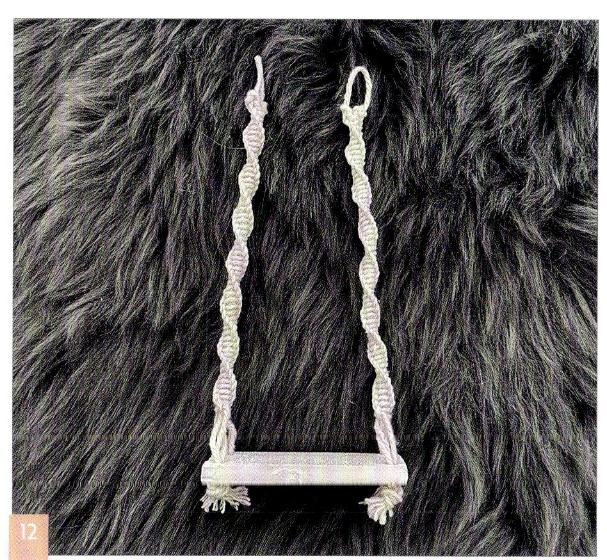
12

9.
Die restlichen Fäden eines Seiles werden nun in 2 Hälften geteilt und das bereits vorbereitete Holzstück mit dazugelegt.

10.
Die Enden der Fäden mit etwas Holzleim benetzen und spitz zwirbeln, kurz trocknen lassen. Die Enden sind nun so stabil, dass sie leichter durch die Löcher gezogen werden können.

11.
Nun die durchgezogenen Fäden verknoten. Das 2. Seil wird genauso angebracht.

12.
Nur noch die überstehenden Fäden kürzen. Zum leichteren Anbringen an einen Zweig im Weihnachtsbaum helfen kleine Aufhänger, die durch die Laschen gezogen werden.

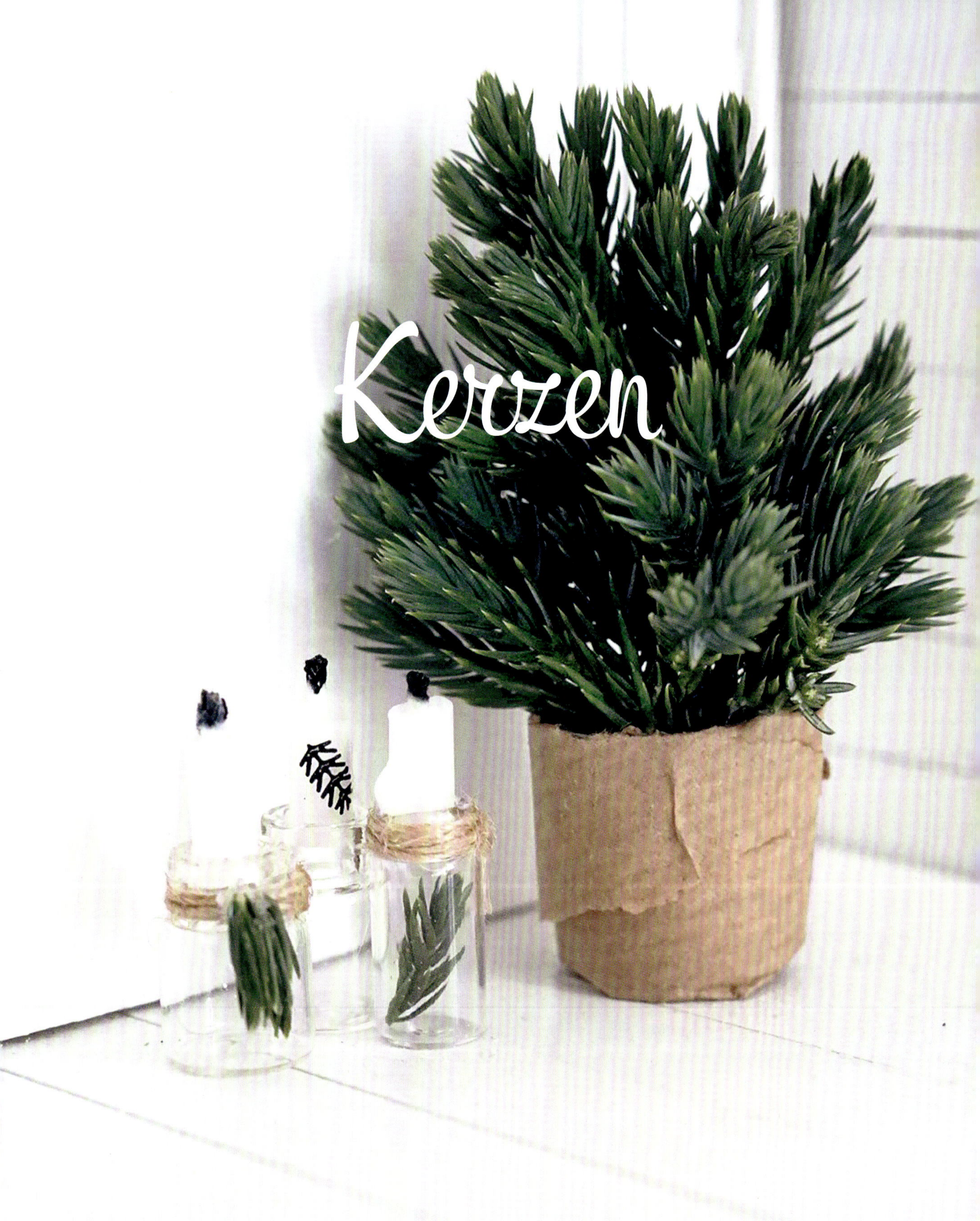

Kerzen

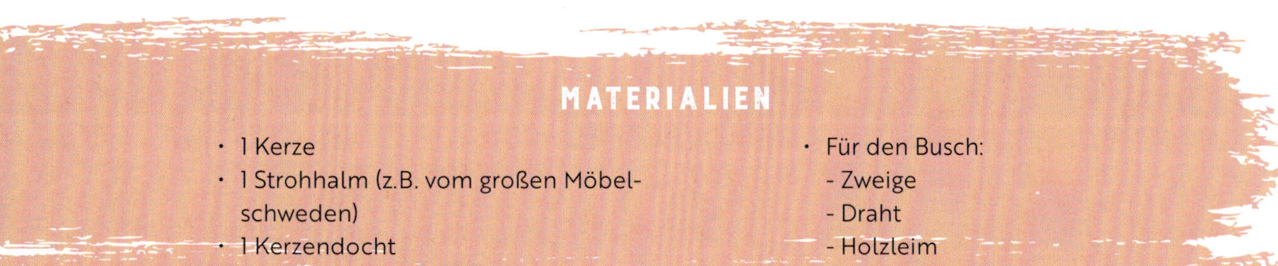

MATERIALIEN

- 1 Kerze
- 1 Strohhalm (z.B. vom großen Möbelschweden)
- 1 Kerzendocht
- 1 wasserverschiebbare Folie
- Stempel/wasserfester Stift
- Wasserfeste Stempelfarbe
- 1 kleine Schale
- 1 Handtuch (optional als Unterlage)
- Wasser
- Für den Busch:
  - Zweige
  - Draht
  - Holzleim
  - Packpapier
  - 1 Toilettenpapierrolle
  - Wasserfester Stift (optional)
  - Kleine Flaschen
  - Juteband

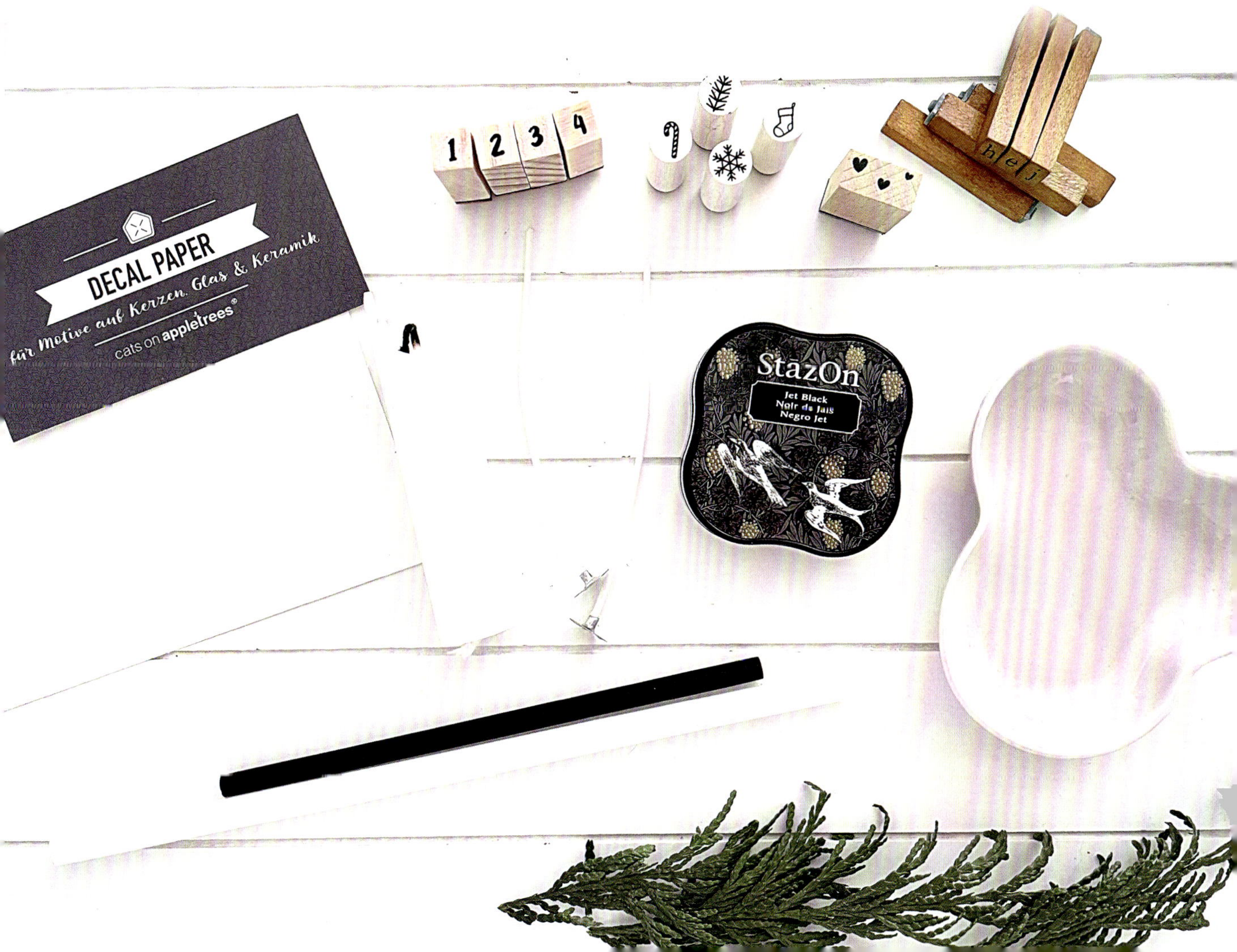

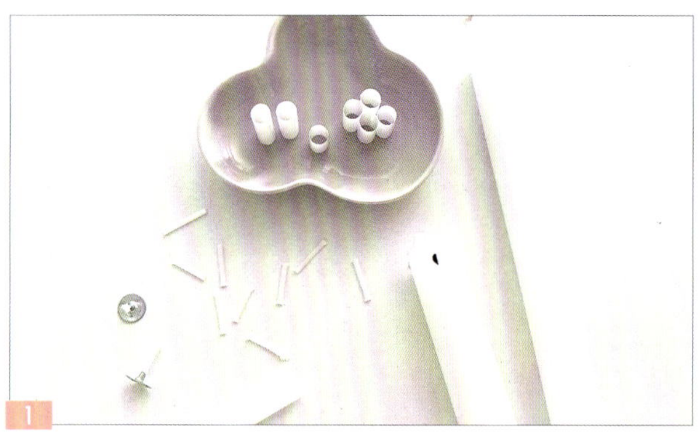

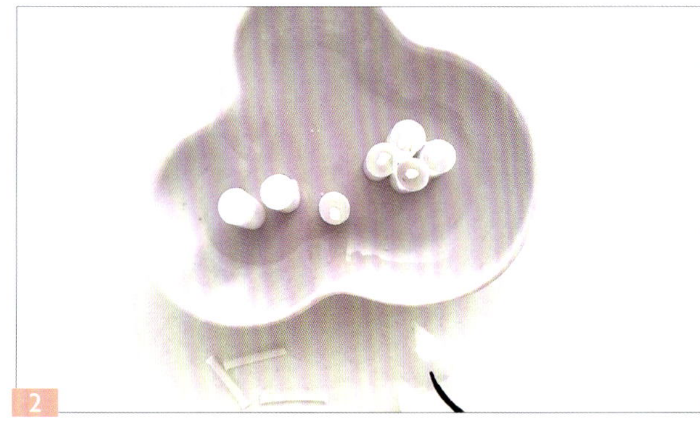

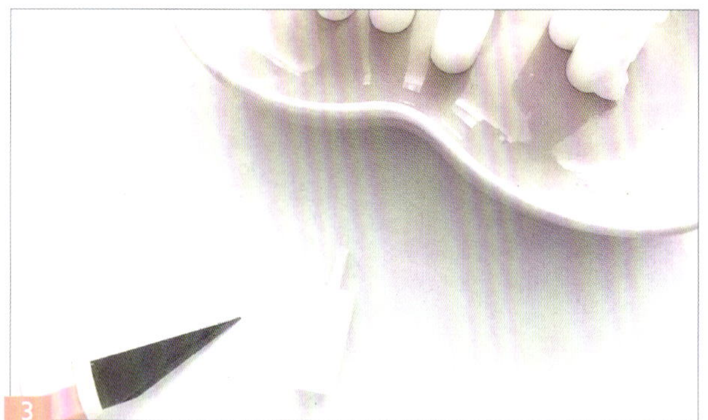

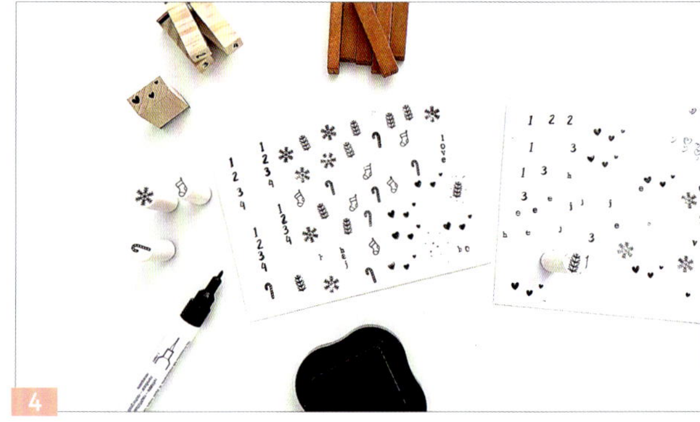

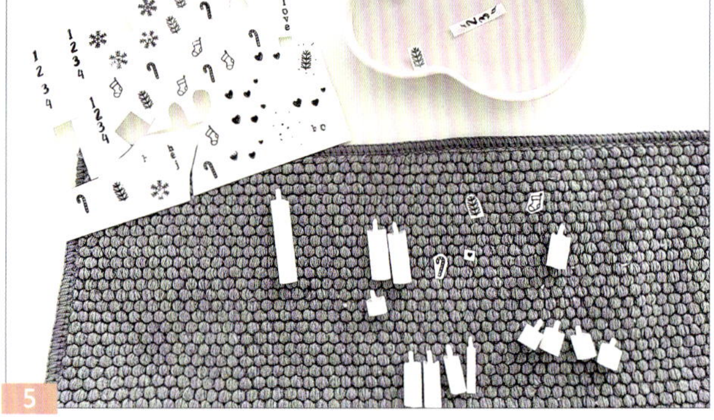

1.

Je nach Höhe der späteren Kerze werden Strohhalm und Kerzendocht zugeschnitten. Das Strohhalmstück in die Schale stellen.

2.

Einige Tropfen flüssiges Kerzenwachs werden in den Strohhalm geträufelt, je mehr Tropfen, desto höher wird die spätere Kerze. Kurz warten, bis das Kerzenwachs zwar noch weich, aber nicht zu fest ist. Das dauert nur 1–2 Minuten, dann wird der Kerzendocht mittig eingesetzt.

3.

Das Kerzenwachs ist nach gut 5–6 Minuten hart. Mit einem scharfen Messer wird vorsichtig, mit wenig Druck der Strohhalm aufgeschnitten. Fertig ist die Kerze.

4.

Die Wasserschiebefolie stempeln. Da nicht immer jeder Versuch gelingt (rutscht etwas), können mehrere Anläufe nötig sein. Man kann die Folie auch mit einem wasserfesten Stift verschönern.

5.

Schale mit Wasser füllen. Das schönste Ergebnis wird nun so nah am Motiv wie möglich ausgeschnitten und ins Wasser gelegt. Wenn sich nach wenigen Sekunden

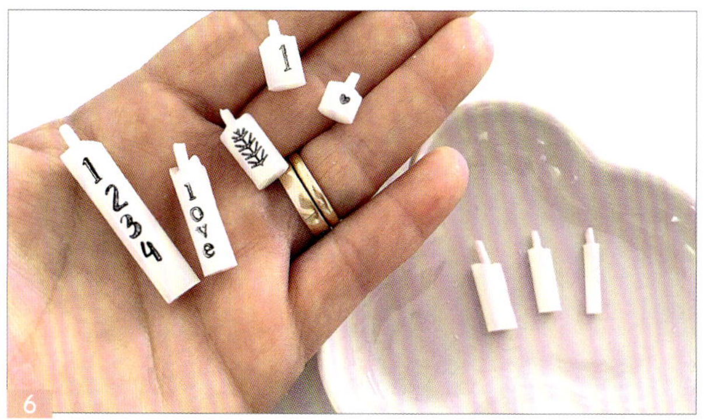

6

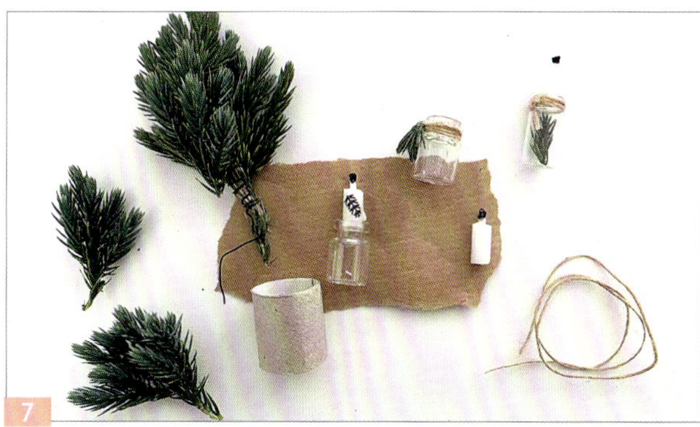
7

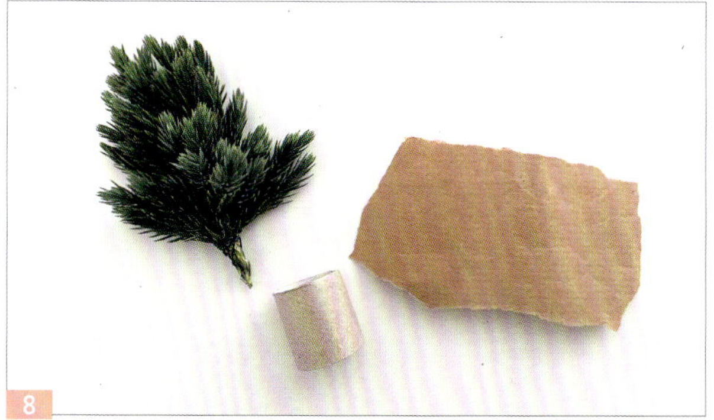
8

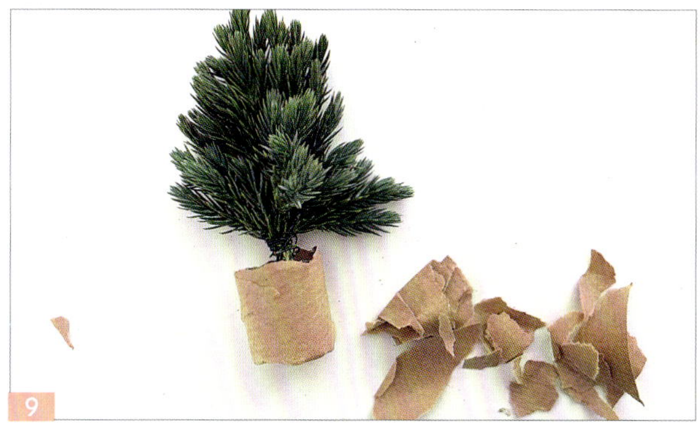
9

das Papier rollt, wird alles aus dem Wasserbad genommen. Die sich lösende Folie wird vom Trägerpapier direkt auf die Kerze geschoben, überschüssiges Wasser vorsichtig abgetupft. Danach wird die Kerze einige Zeit (Stunden) ruhen gelassen.

6.

Aus den gebrauchten Strohhalmstücken lassen sich wieder neue Kerzen machen, dazu die Schnittstelle mit Klebestreifen zukleben. Wenn man das Strohhalmstück überlappend fixiert, entstehen so ganz unterschiedliche Dicken.

7.

Mit etwas Juteband und winzigen Zweigen werden kleine Flaschen dekoriert. Für den Busch aus der leeren Toilettenpapierrolle als Übertopf für die Zweige eine kleine Rolle mit den Maßen 10 cm x 3 cm basteln und leicht überlappend zusammenkleben.

8.

Die Zweige werden mit Draht aneinandergebunden und Packpapier wird um die Rolle geklebt.

9.

Für mehr Stabilität kann man kleine Papierstücke mit Holzleim benetzen und in die Rolle drücken, bis alles stabil steht. Gut trocknen lassen.

Magnetbilderrahmen

GRÖSSE 2,5 CM X 5,5 CM MIT AUFHÄNGUNG

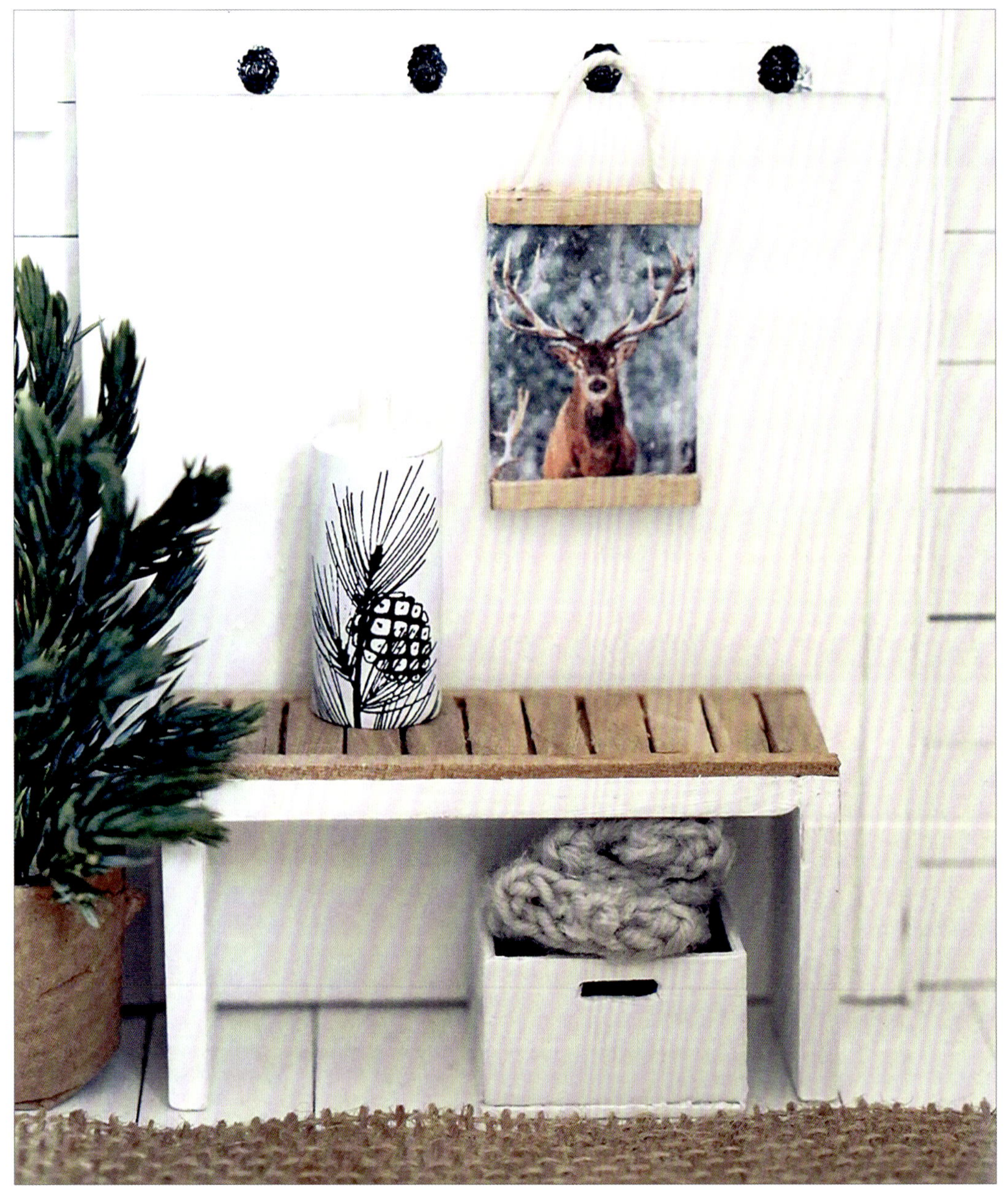

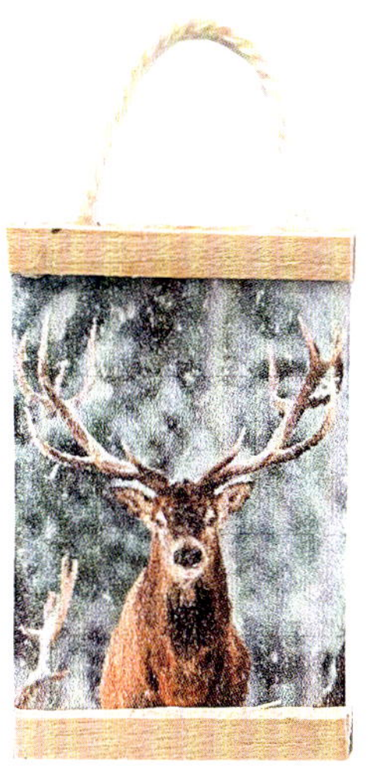

MATERIALIEN

- Bild Größe 2,5 cm x 3,5 cm
- 1 kleines Bastelholz
- Garn
- Vorlage Magnetbilderrahmen (Hirsch)

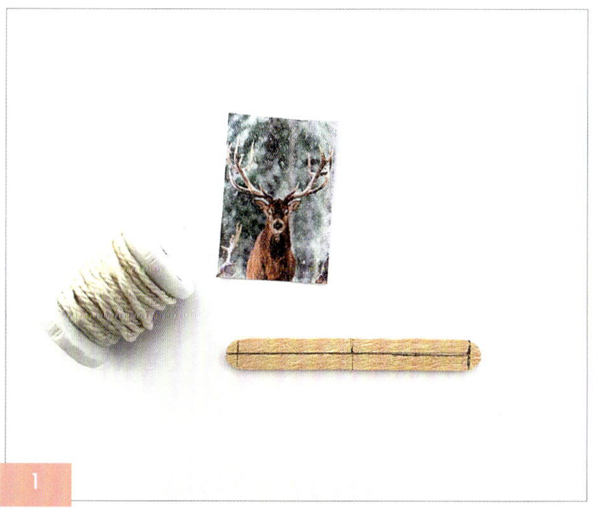

1

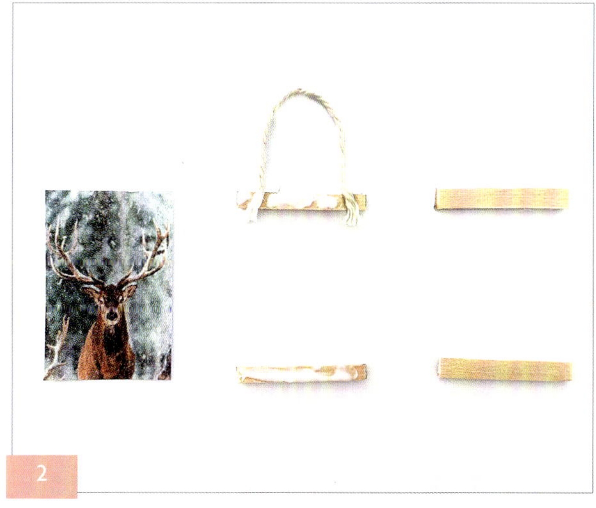

2

1\.
Das kleine Bastelholz wird in 4 gleiche Teile mit einer Breite von jeweils 2,5 cm zugeschnitten, das Garn auf 6 cm Länge.

2\.
Zwei der 4 gleichen Teile werden hinten angeordnet und mit Holzleim bestrichen. Auf dem oberen wird das Garn positioniert und dann das Bild. Die übrigen 2 Holzteile werden auf derselben Höhe wie die hinteren Holzteile auf das Bild geklebt.

Holzkiste

GRÖSSE 5 CM X 3 CM X 2,8 CM

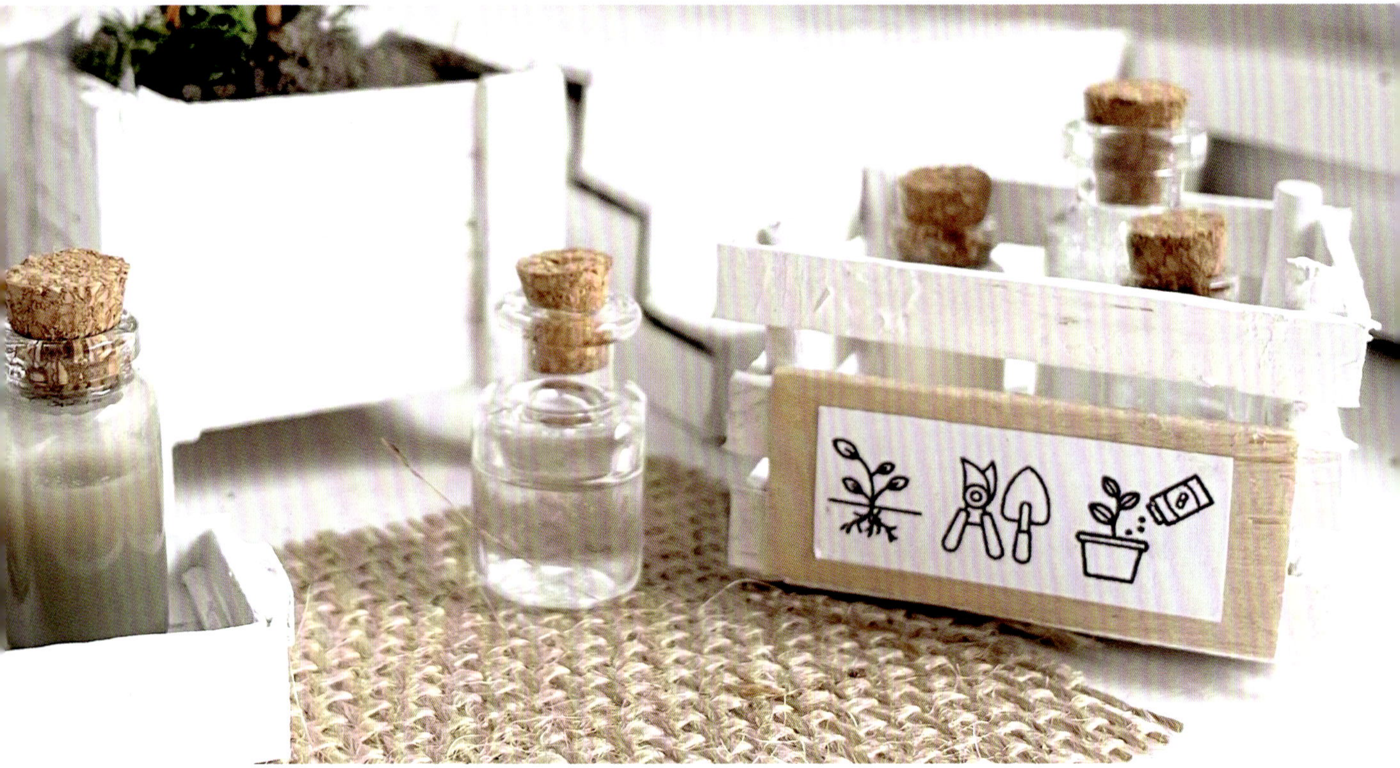

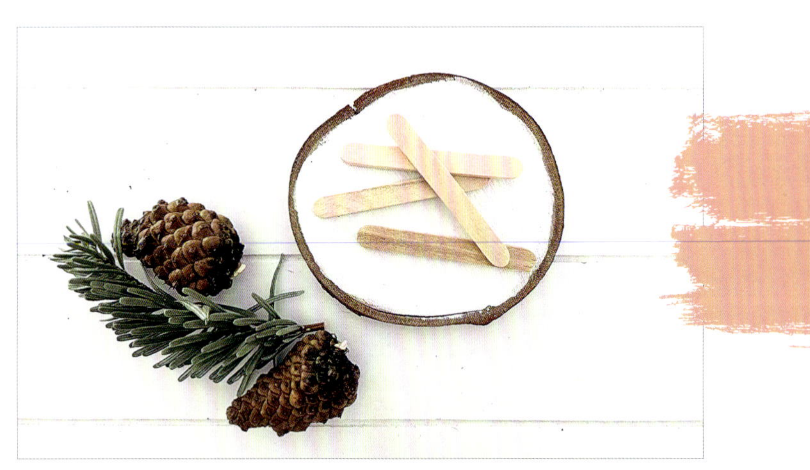

MATERIALIEN

- 22 kleine Bastelhölzer

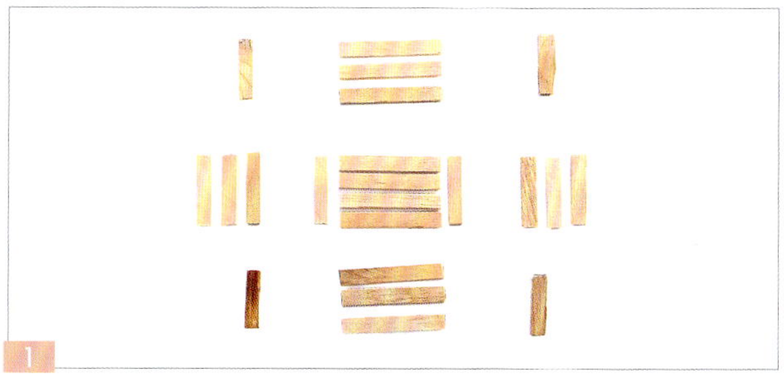

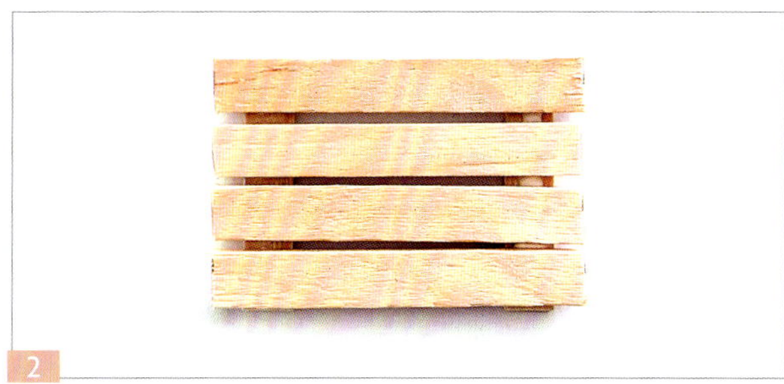

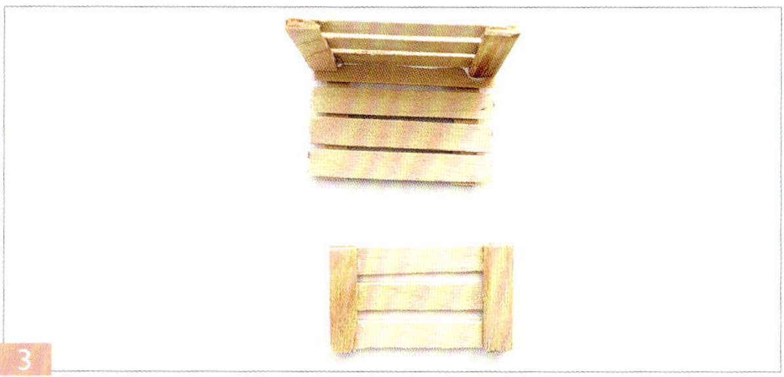

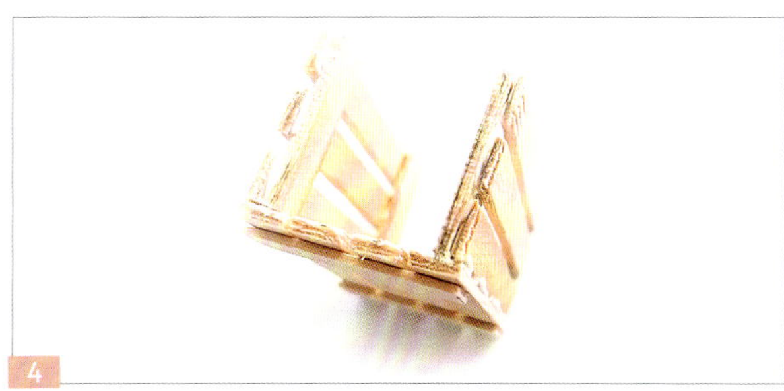

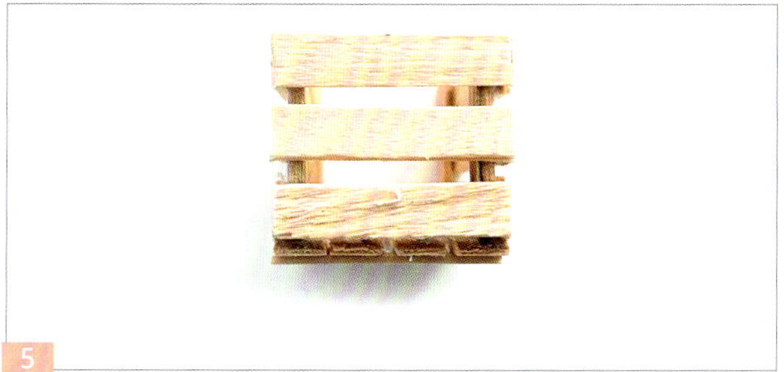

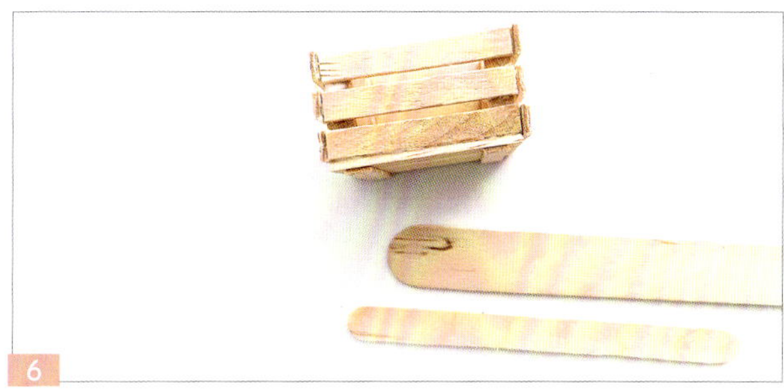

1.

Für die hintere Seite werden 2 Teile à 2,5 cm sowie 3 Teile à 4,5 cm benötigt, für die Seiten insgesamt 6 Teile à 3 cm und für den Boden der Kiste 4 Teile à 4 cm und 2 à 3 cm. Für die vordere Seite werden wie bei der hinteren Seite 2 Teile à 2,5 cm sowie 3 Teile à 4,5 cm benötigt.

2.

Zuerst wird der Boden gefertigt, dazu werden die längeren Teile auf die kürzeren geklebt.

3.

Bei der Vorder- und Rückseite wird genauso vorgegangen. Die entstandenen Teile werden dann auf das Bodenteil geklebt, alles etwas antrocknen lassen.

4.

Hochkant hingestellt, können Vorder- und Rückteil nicht verrutschen. Weiter trocknen lassen.

5.

Nun werden die restlichen 6 Teile angebracht, auf jeder Seite 3 Stück.

6.

Wenn alles gut getrocknet ist, kann die Kiste noch mit Farbe versehen werden. Kleine Schilder können mit anderen Bastelhölzern dargestellt werden, dazu einfach die gewünschte Länge zuschneiden und aufkleben, darauf passen dann noch Hinweise oder Wörter.

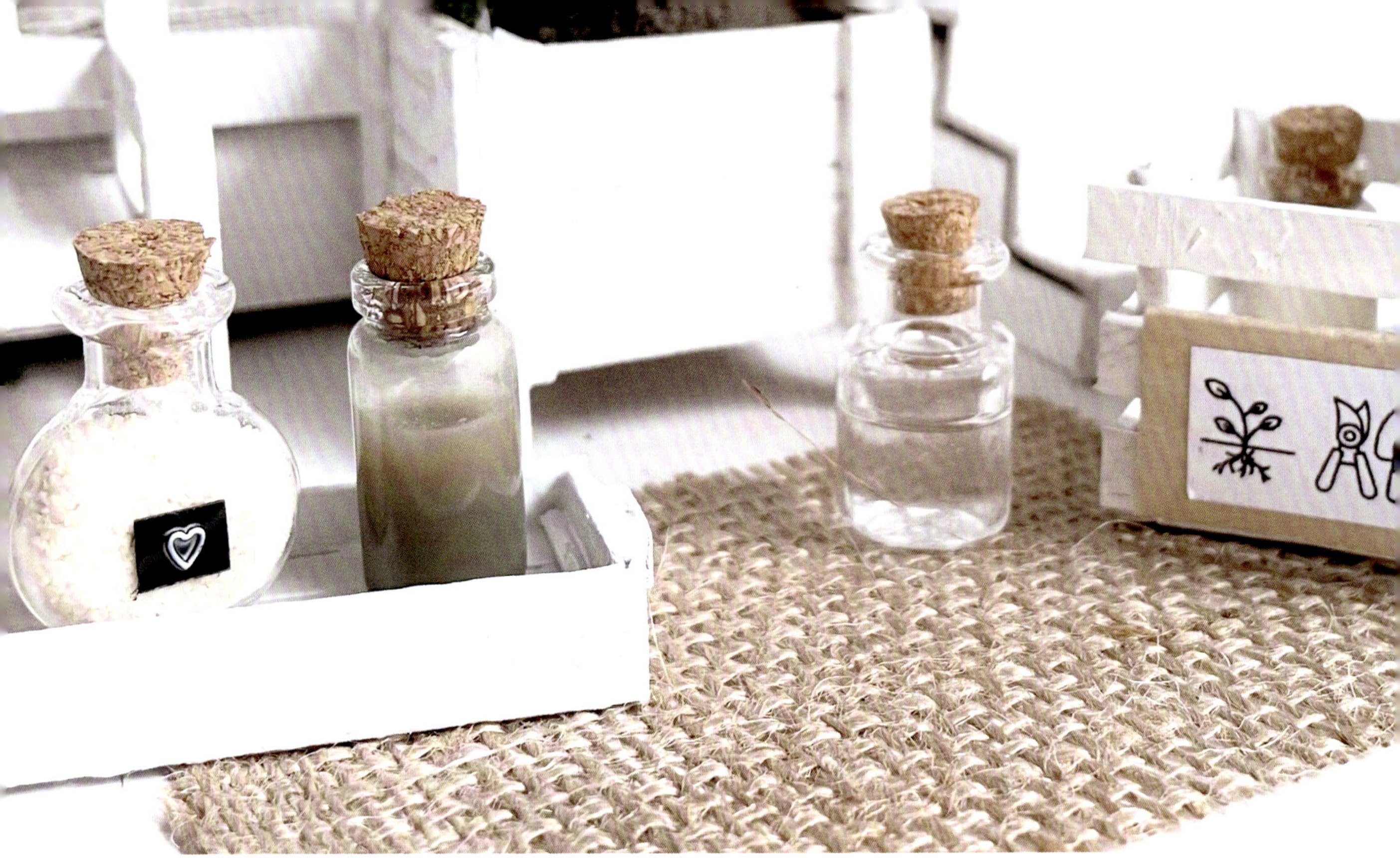

Tablett

GRÖSSE 5,5 CM X 2,5 CM X 1 CM

MATERIALIEN

- 1 breites Bastelholz
- 6 kleine Bastelhölzer
- 1 schmales Bastelholz

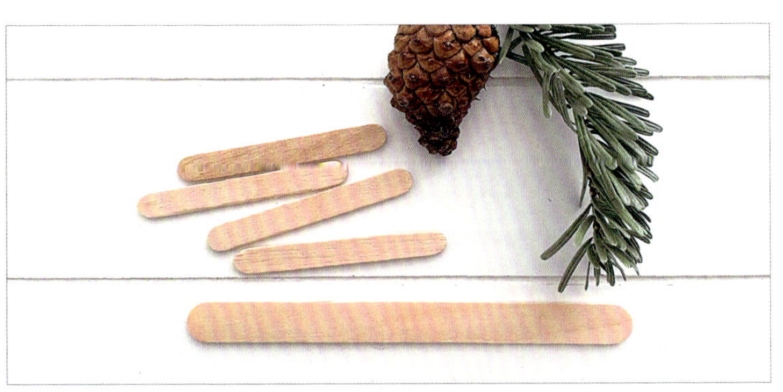

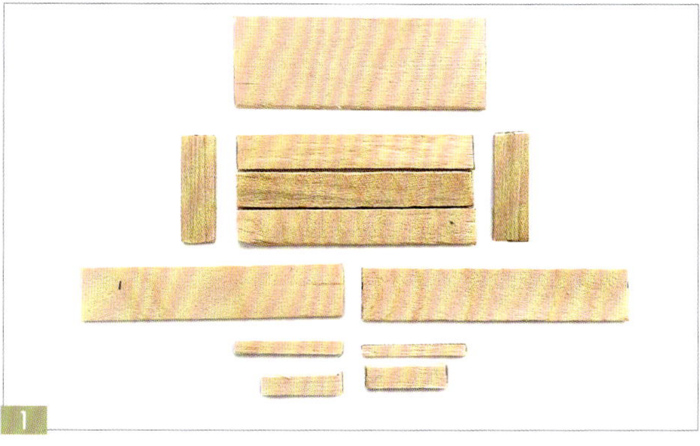

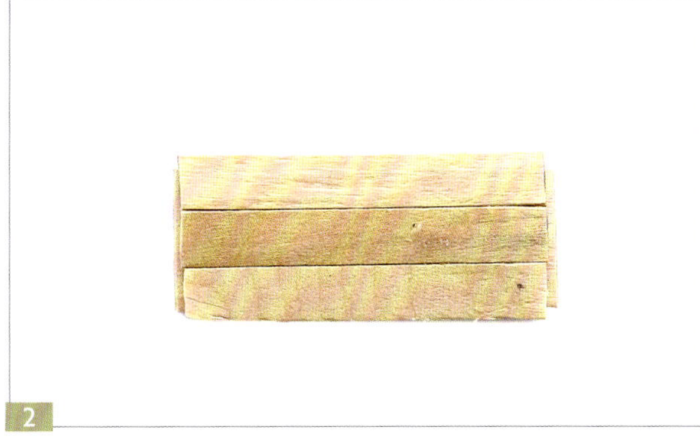

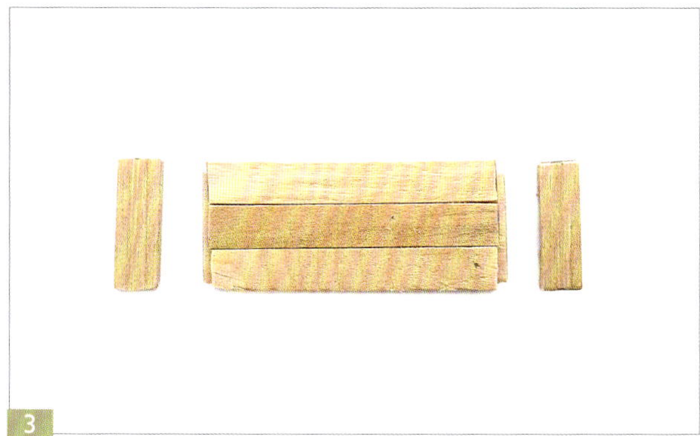

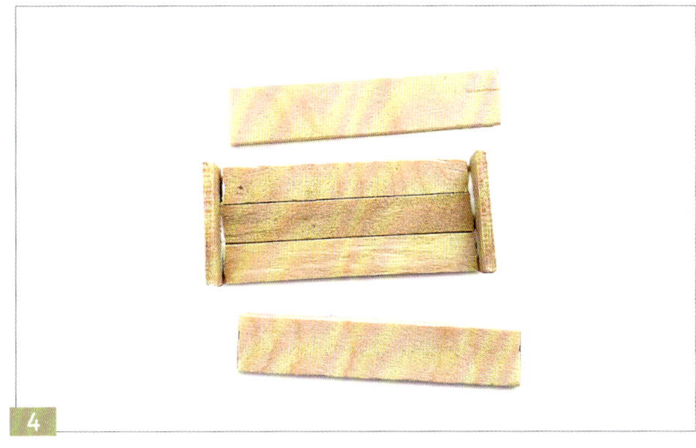

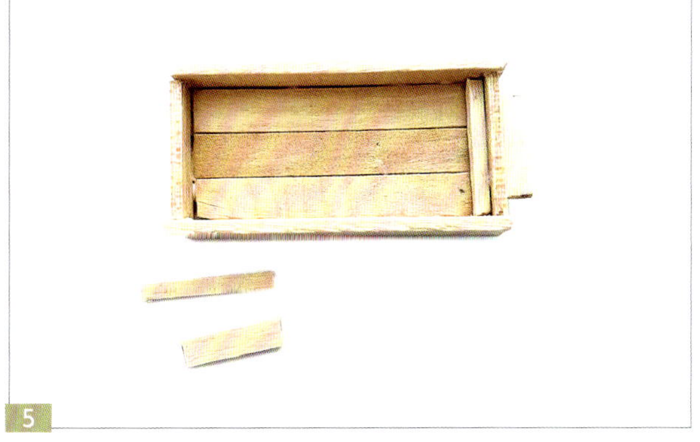

1.

1. Reihe: Aus dem breiten Bastelholz wird 1 Stück von 4,8 cm benötigt.
2. Reihe: 5 kleinen Bastelhölzern werden 3 Teile à 4,5 cm und 2 Teile à 2 cm gefertigt.
3. Reihe: Aus dem schmalen Bastelholz werden 2 Teile à 5 cm geschnitten.
4. Reihe: Das letzte kleine Bastelholz wird in 2 Teile à 2 cm x 3 mm und 2 Teile à 1,5 cm x 4 mm geteilt.

2.

Auf dem zugeschnittenen breiten Bastelholz werden die 3 langen der kleinen Bastelhölzer aufgeklebt. Es sollte eine kleine Kante entstehen.

3.

In diese Kante werden die beiden kleinen 2-cm-Stücke der kleinen Bastelhölzer geklebt ...

4.

... und auf die lange Fläche die beiden 5-cm-Stücke des schmalen Bastelholzes.

5.

In die Innenseite kommt aus dem zuletzt zugeschnittenen kleinen Bastelholz das schmale nach innen und das kleinste als Griff an die kurze Seite des Tabletts. Wenn alles gut getrocknet ist, kann das Tablett noch mit Farbe versehen werden.

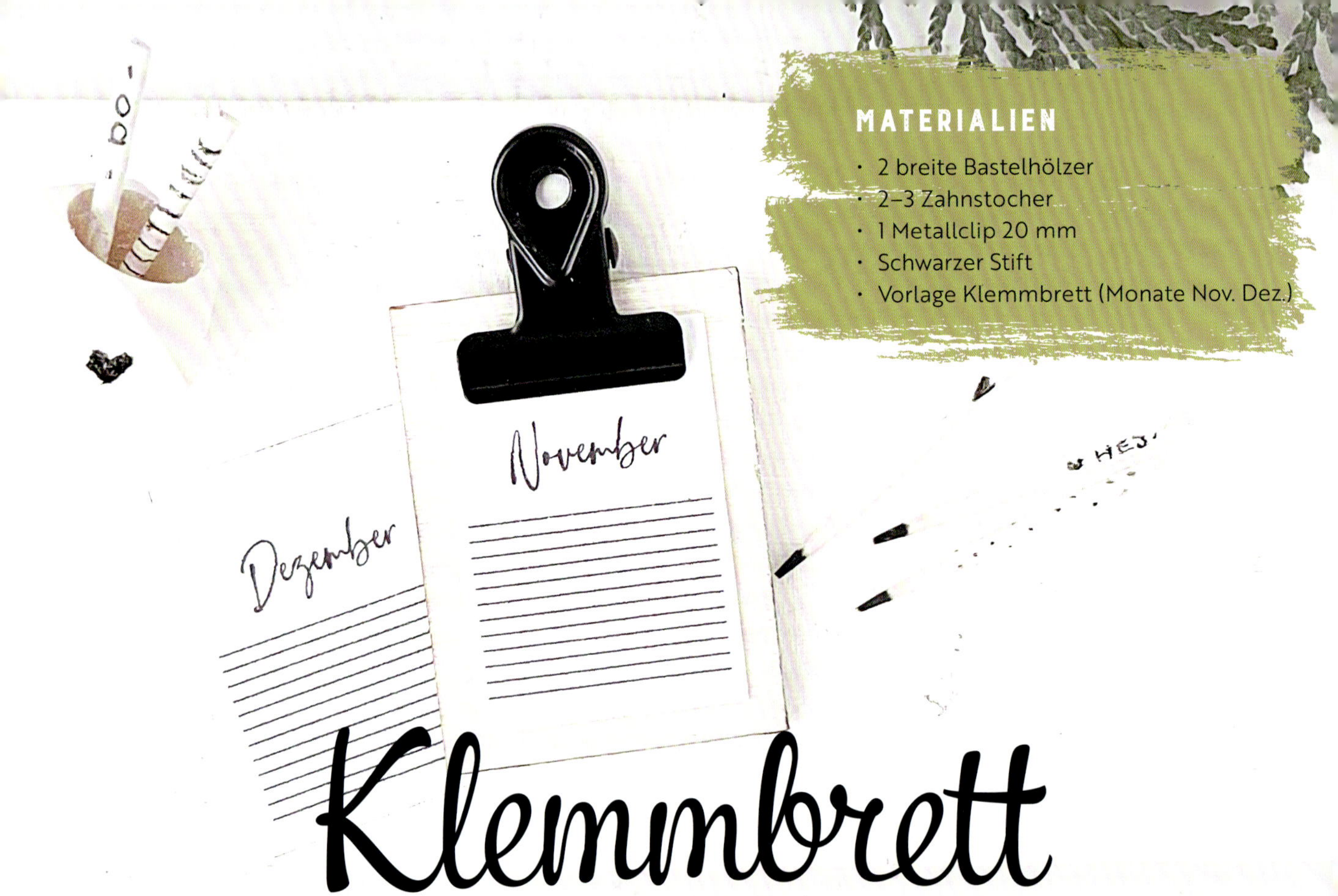

MATERIALIEN

- 2 breite Bastelhölzer
- 2–3 Zahnstocher
- 1 Metallclip 20 mm
- Schwarzer Stift
- Vorlage Klemmbrett (Monate Nov. Dez.)

Klemmbrett

GRÖSSE 2,6 CM X 3,4 CM

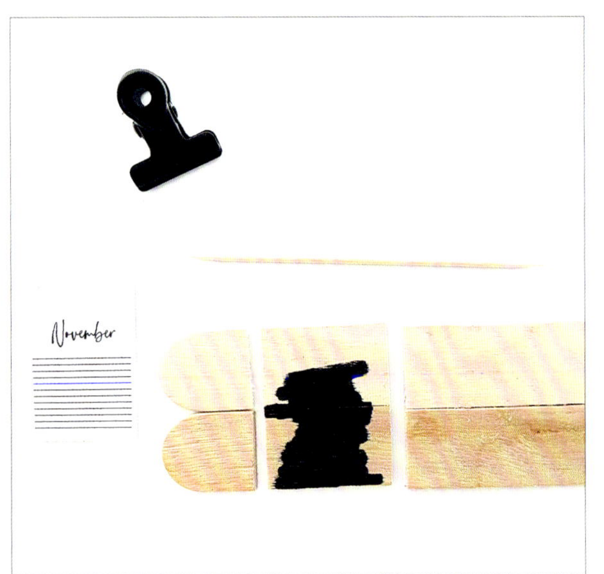

Die beiden breiten Bastelhölzer werden erst aneinandergeklebt. Dann schneidet man ein 2,6 cm breites Stück davon ab und malt es mit dem schwarzen Stift an, damit das Brett von hinten einheitlich aussieht. Die kleinen Blei- oder Farbstifte werden aus Zahnstochern gemacht, indem deren Spitzen in 2,5 cm Länge abgeschnitten werden.

Die Spitzen der Malstifte ebenfalls mit dem Stift anmalen. Die Grifffläche kann ganz individuell gestaltet werden.

MATERIALIEN

- 1 Holz(rest)stück 3 cm x 2 cm
- 1 kleines Stück künstliche Tannengirlande
- Holzbohrer 3 mm
- Vorlage Kartenhalter (Countdown)

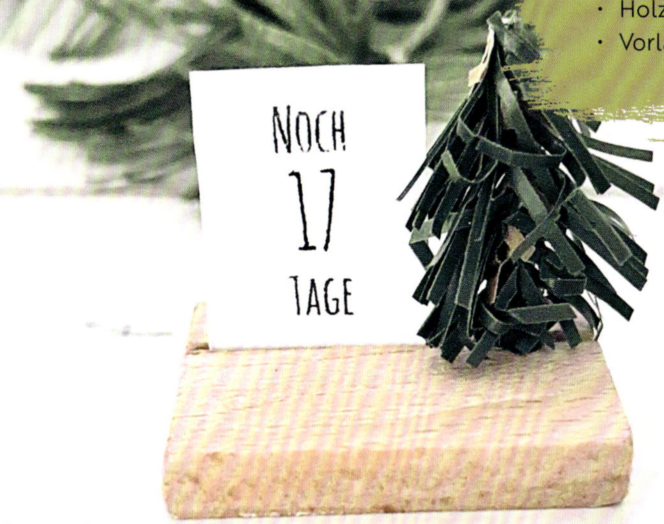

Kartenhalter

GRÖSSE 3 CM X 2 CM

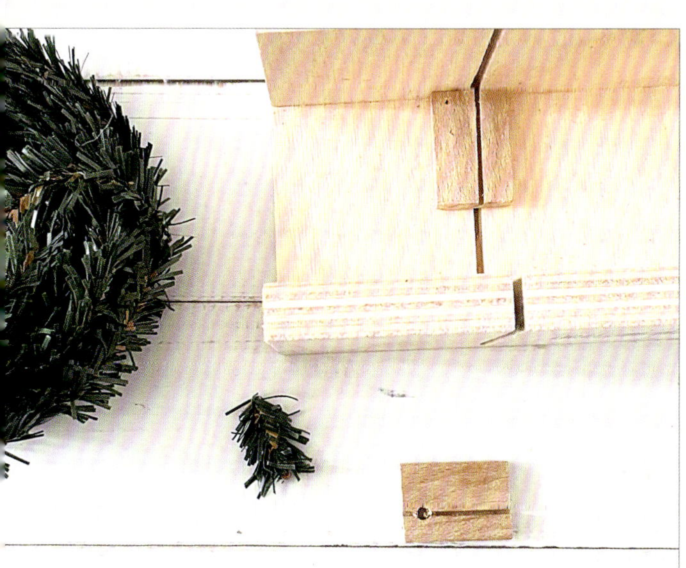

In das Holzstück wird eine wenige Millimeter tiefe Mulde gesägt und ein kleines Loch mit dem Holzbohrer gebohrt. Aus der künstlichen Tannengirlande wird ein kleines Stück von ca. 2,5 cm abgeschnitten und etwas in Form gestutzt, sodass es einem kleinen Baum ähnelt.

Um den Kartenhalter als Countdown zu benutzen, werden alle benötigten Zahlen aus der Vorlage geschnitten.

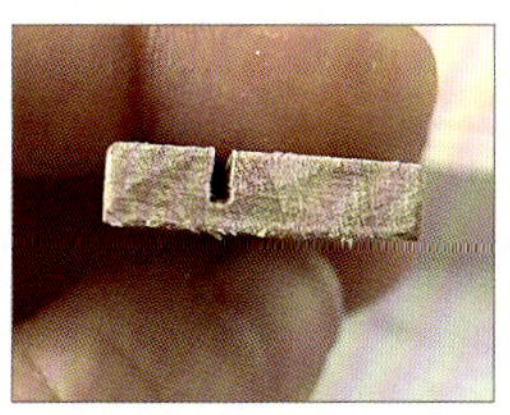

DETAILBILD, TIEFE DER MULDE

Kiste mit Griffen

GRÖSSE 3,5 CM X 3 CM X 1,8 CM

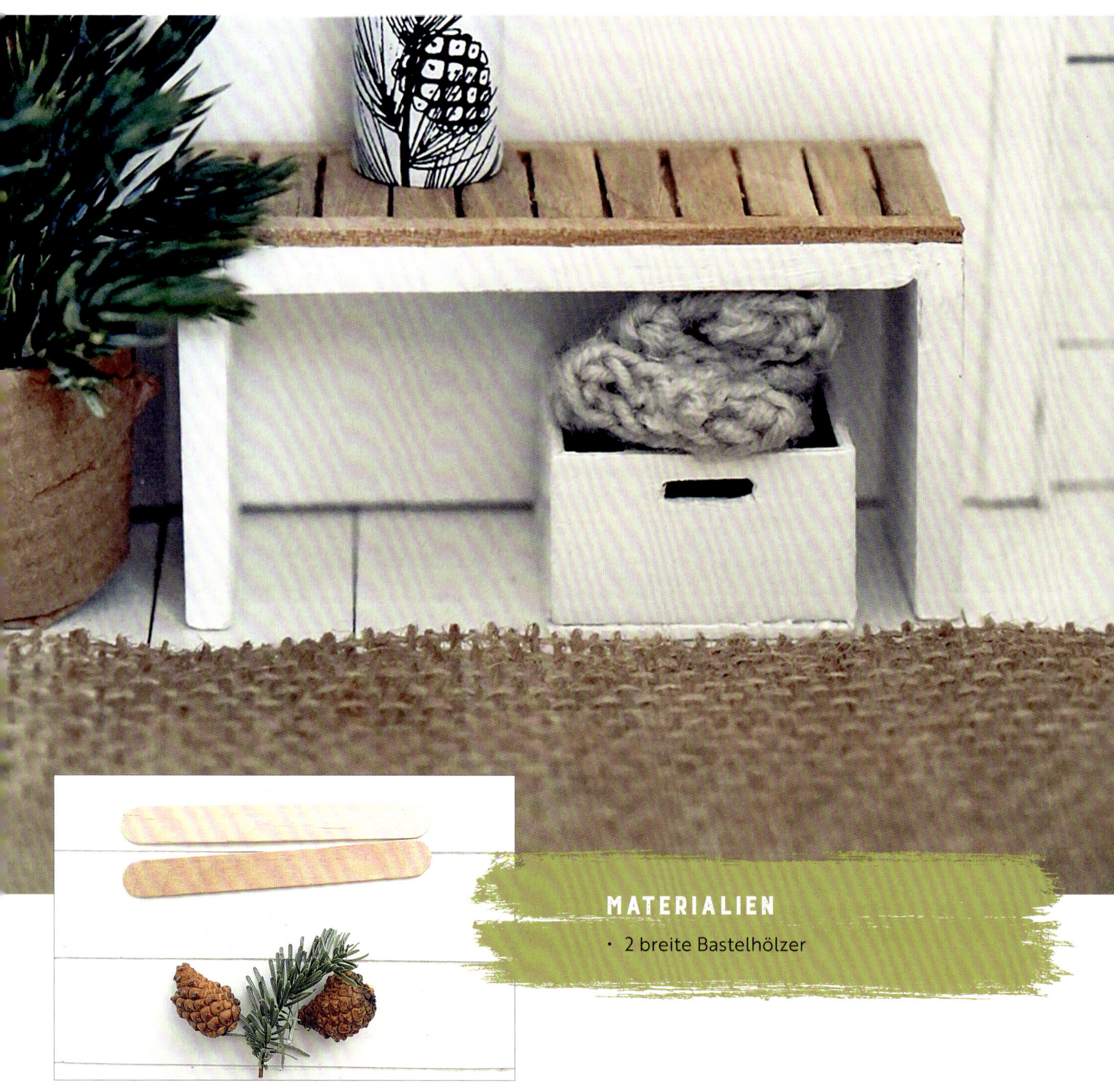

MATERIALIEN

- 2 breite Bastelhölzer

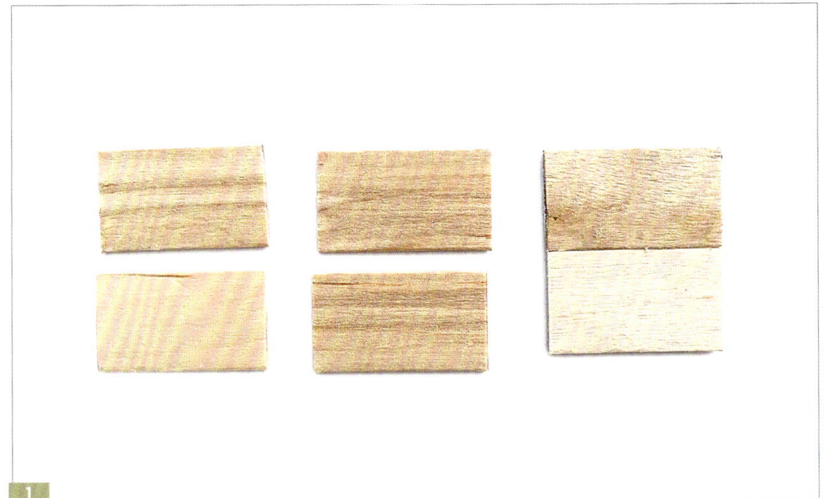

1.

Aus den breiten Holzstäbchen werden 2 Seitenteile à 3 cm und 2 Frontteile à 3 cm ausgeschnitten. Für den Boden werden 2 Bastelholzstücke aneinandergeklebt. Wenn sie getrocknet sind, werden sie auf die Maße 3,5 cm x 3 cm zugeschnitten.

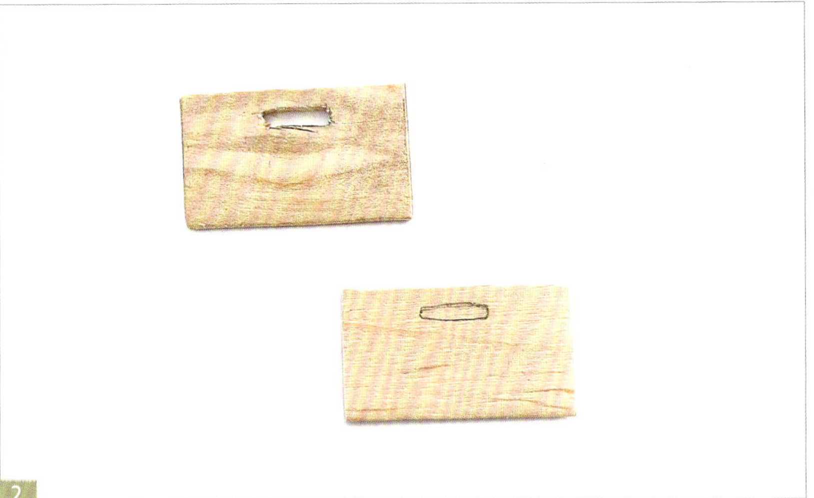

2.

Auf den Frontteilen werden 2 Markierungen für die Griffe eingezeichnet und vorsichtig mit einem scharfen Bastelmesser ausgeschnitten. Im Anschluss mit etwas Schleifpapier glätten.

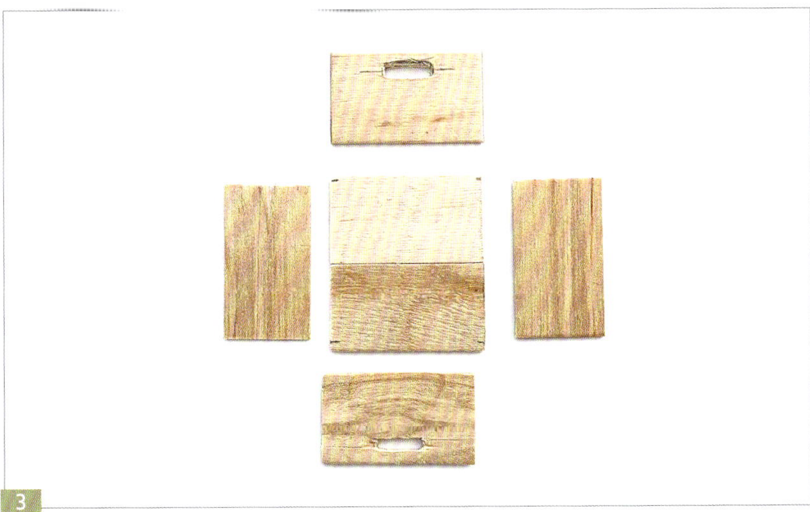

3.

Nun werden alle Teile mit der schmalen Seite auf den Boden geklebt. Wenn alles gut getrocknet ist, kann die Kiste noch mit Farbe versehen werden.

Laterne

HÖHE CA. 4 CM, Ø 1,6 CM

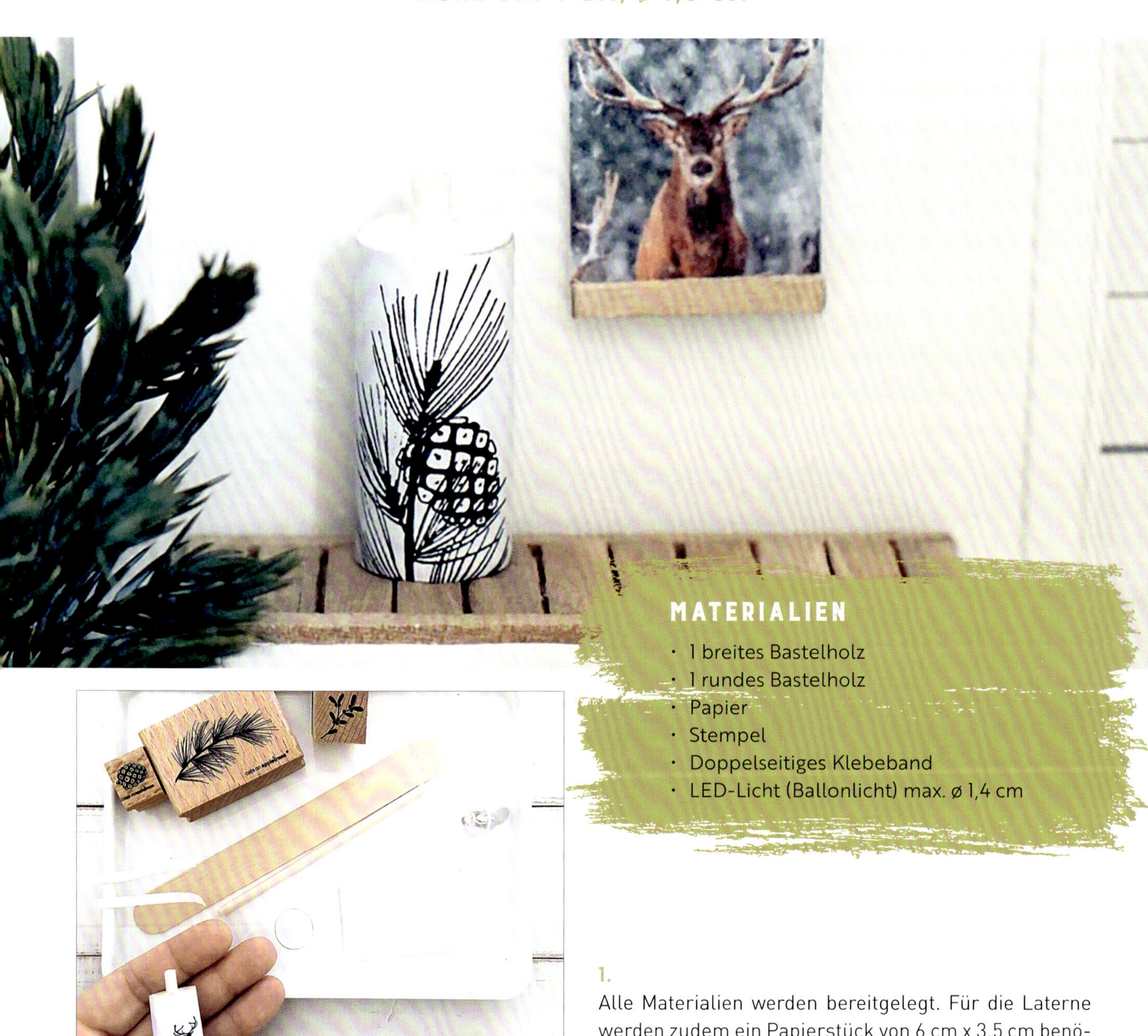

MATERIALIEN

- 1 breites Bastelholz
- 1 rundes Bastelholz
- Papier
- Stempel
- Doppelseitiges Klebeband
- LED-Licht (Ballonlicht) max. ø 1,4 cm

1

1.

Alle Materialien werden bereitgelegt. Für die Laterne werden zudem ein Papierstück von 6 cm x 3,5 cm benötigt und ein Kreis als Vorlage (Ø 1,7 cm) (alternativ geht auch ein 1-Cent-Stück).

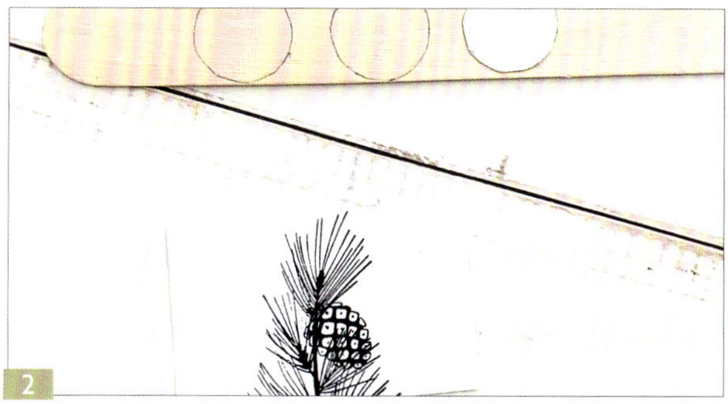

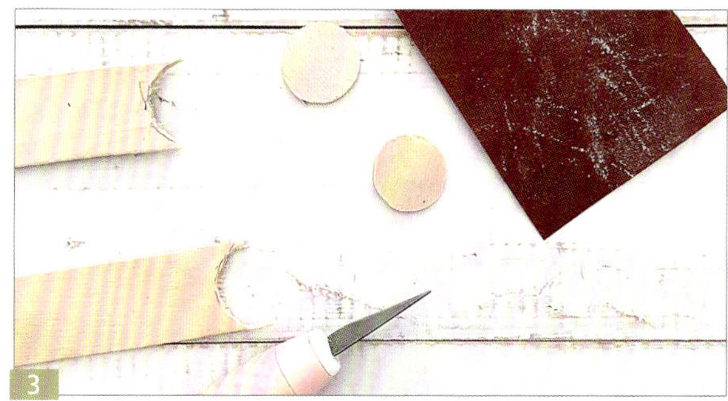

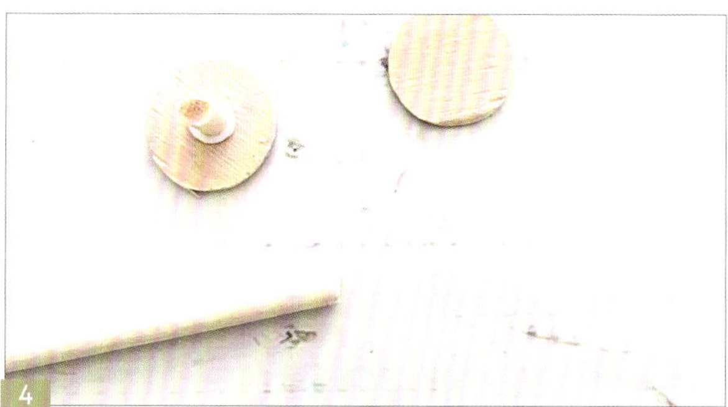

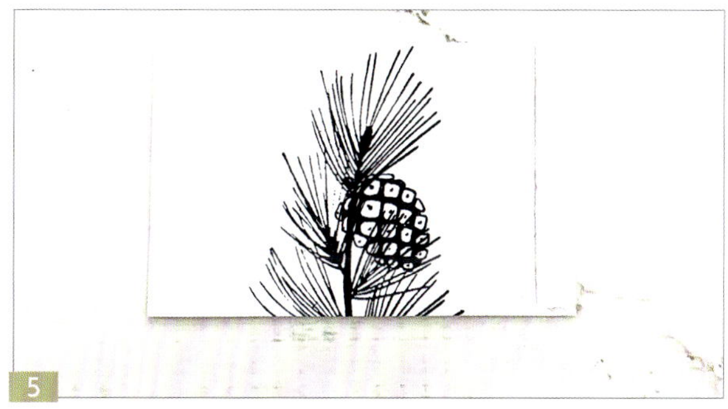

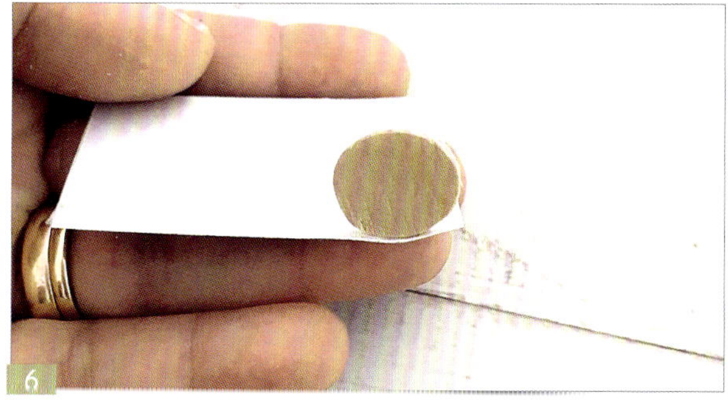

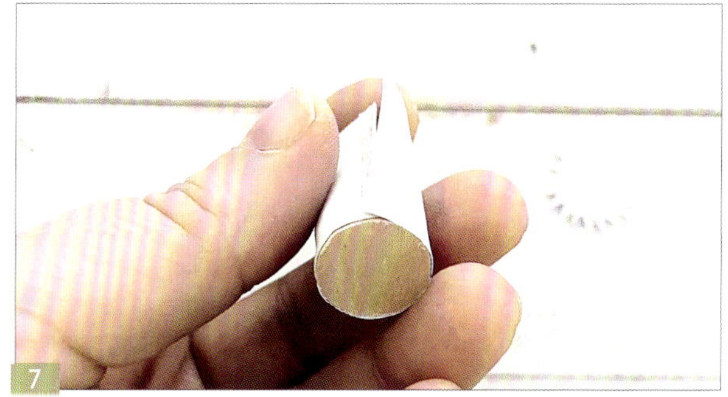

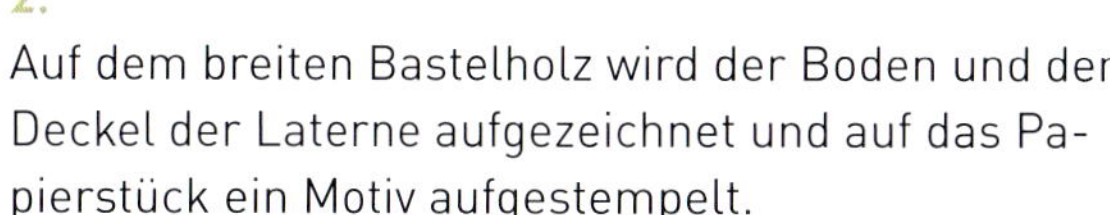

2.

Auf dem breiten Bastelholz wird der Boden und der Deckel der Laterne aufgezeichnet und auf das Papierstück ein Motiv aufgestempelt.

3.

Jetzt werden Boden und Deckel mit dem Bastelmesser vorsichtig ausgeschnitten und bei Bedarf Unebenheiten mit Schleifpapier bearbeitet.

4.

Von dem runden Bastelholz wird ein kleines Stück abgeschnitten und auf eines der runden Teile geklebt. Das hilft später, den Deckel abzunehmen, um das LED-Licht zu tauschen.

5.

Doppelseitiges Klebeband wird nun auf die rechte kurze Seite des Papiers geklebt und auf die Rückseite der langen Seite.

6.

Das runde Bodenstück wird entlang des doppelseitigen Klebebandes gerollt und damit fixiert.

7.

Am Ende treffen beide Seiten des Papiers aufeinander und werden durch das zuvor aufgebrachte doppelseitige Klebeband nun überlappend aneinandergeklebt. Die LED-Lampe hineinlegen, Deckel darauf und fertig ist die Laterne!

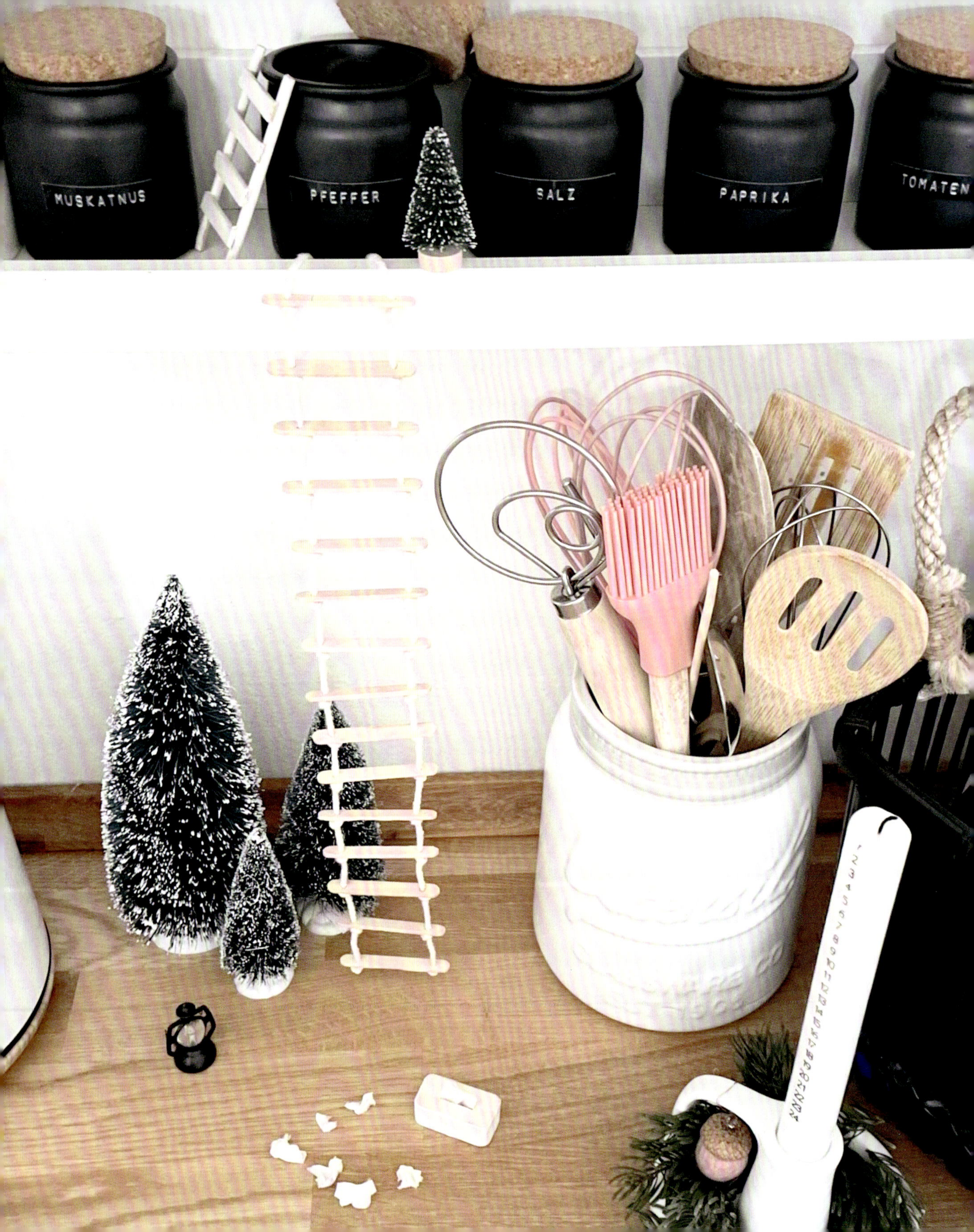

MUSKATNUS
PFEFFER
SALZ
PAPRIKA
TOMATEN

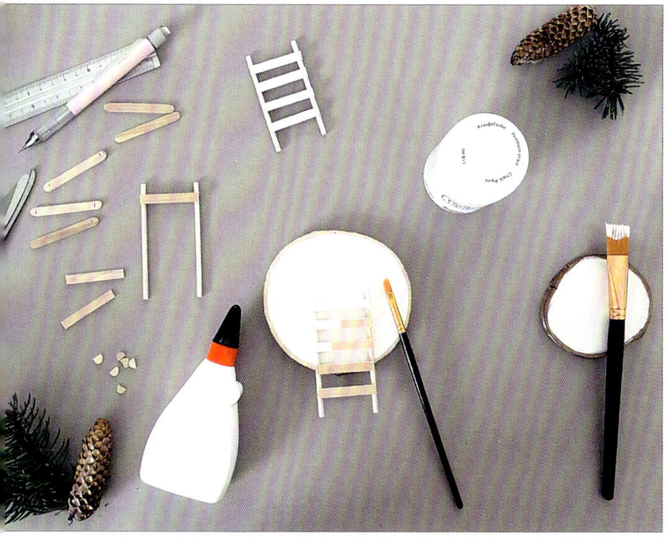

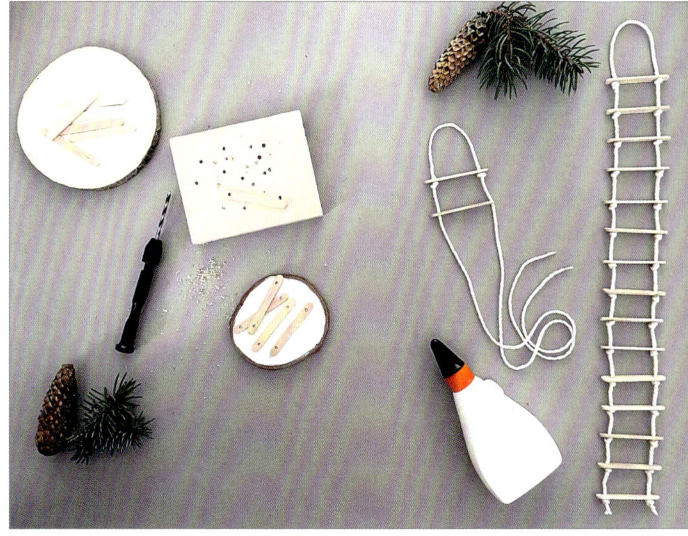

Kleine Leiter

GRÖSSE 4,5 CM X 9 CM

MATERIALIEN

- 2 runde Bastelhölzer
- 5–7 kleine Bastelhölzer

Die runden Bastelhölzer werden auf 9 cm gekürzt. Die kleinen Bastelhölzer auf 4,5 cm. Die kleinen werden dann auf die beiden runden Bastelhölzer geklebt. Wenn alles gut getrocknet ist, kann die Leiter noch mit Farbe versehen werden.

Große Leiter

GRÖSSE 5,5 CM X 40 CM

MATERIALIEN

- 90 cm langes Makrameegarn 3mm stark
- 15 kleine Bastelhölzer
- Holzbohrer 3 mm

In die kleinen Bastelhölzer werden ca. 0,8 cm vom Rand ganz vorsichtig Löcher gebohrt. Das Makrameegarn zurechtlegen. So entstehen zwei Seiten. Auf Höhe von je 6 cm auf jeder Seite wird die erste Stufe eingefädelt. Jeweils unterhalb der Stufe verknoten. Mit einem Abstand von 2 cm werden so auch die nächsten Stufen eingefädelt und geknotet. Mit etwas Holzleim die Stufen an den Knoten kleben, so verrutschen die Brettchen später nicht.

TIPP: Die Enden des Makrameegarns mit etwas Holzleim benetzen und spitz zwirbeln, kurz trocknen lassen. Die Enden sind nun so stabil, dass sie leichter durch die Löcher gezogen werden können.

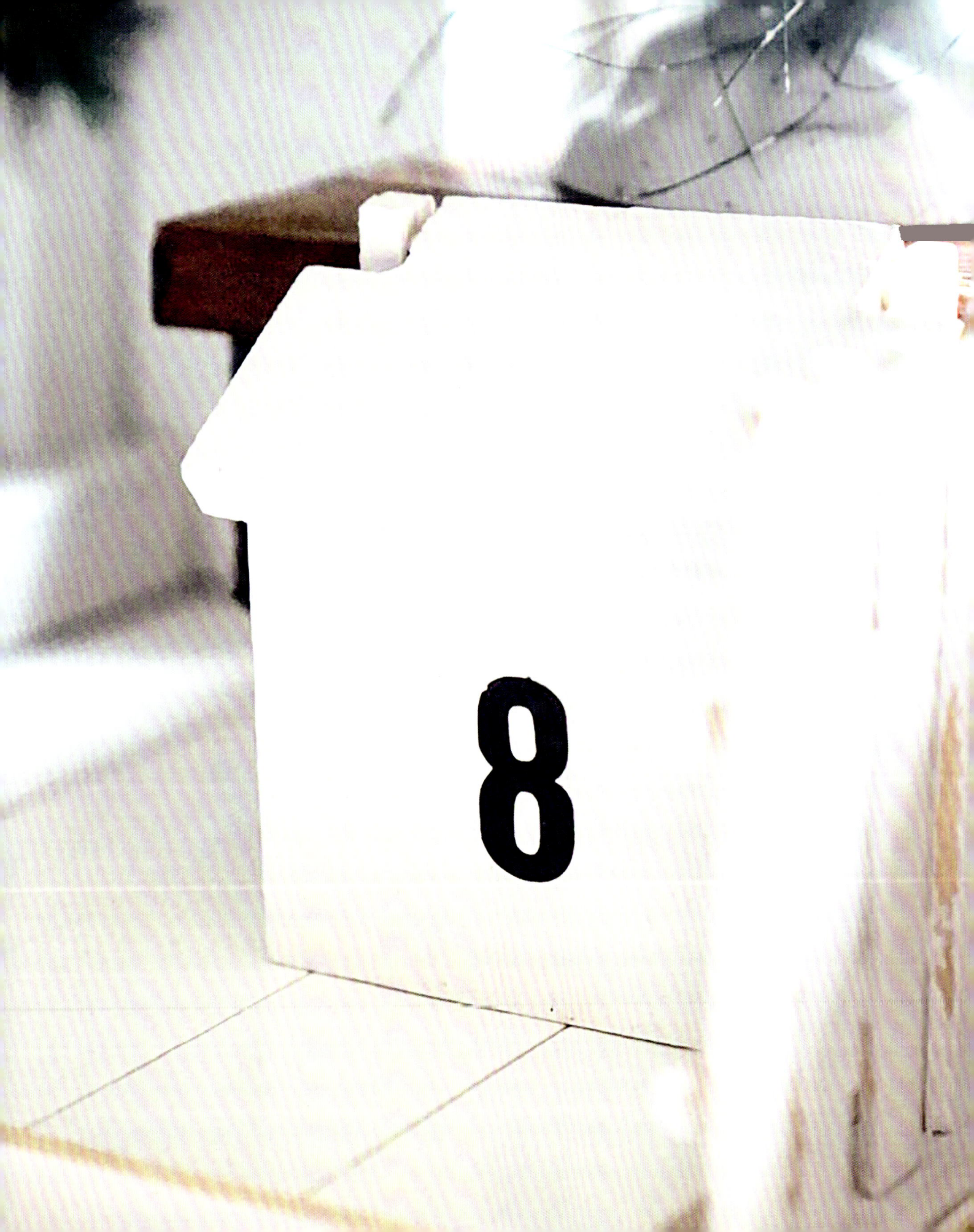
8

Wichtelpost

Die Kommunikation zwischen dem Wichtel und den Kindern findet über die Wichtelbriefe statt. Dabei schreibt meistens der Wichtel Briefe, aber auch die Kinder selbst können dem Wichtel schreiben. Inhaltlich geht es dabei hauptsächlich um Dinge, die er gerade macht, er stellt den Kindern Fragen und verteilt gern Aufgaben.

Alle Briefe habe ich am Laptop geschrieben, wenn ich mit den Vorbereitungen für den nächsten Tag fertig war. Ich habe mir dazu ein festes Textfeld angelegt, das genau zu den Maßen meines ebenfalls selbst erstellten Briefumschlages passte. So brauchte ich nur schnell zu tippen, auszudrucken, auszuschneiden, in den Briefumschlag zu stecken und im Briefkasten zu platzieren. Das klappte recht gut.

Wenn ihr lieber per Hand schreiben möchtet, um noch flexibler und spontaner zu sein, könnt ihr gern die Vorlage nutzen, die ich für euch erstellt habe (Digitale Vorlage „Wichtelpost“). Darin sind Briefumschlag und passende Textfelder enthalten. Diese könnt ihr einfach ausdrucken, ausschneiden, 1 bis 2 Briefumschläge basteln und schon habt ihr alles vorab parat. Wer mag, kann natürlich auch nur den Briefumschlag nutzen, ein eigenes Textfeld erstellen und den Brief mit dem Laptop schreiben. Im Druckermenü unter „benutzerdefinierter Maßstab“ können die Briefe auch nach Bedarf in der Größe angepasst werden (75 %, 50 %).

Auf den nachfolgenden Bildern seht ihr ein paar Beispiele, wie die Wichtelstreiche bei uns aussahen, und noch ein paar weitere Abenteuer, die Thomes so bei uns erlebt hat, oder besser gesagt, die wir mit ihm erlebt haben.

ICH HABE VERSUCHT, MINDESTENS EINEN STREICH PRO WOCHE ZU SPIELEN, BEI DER RODELBAHN QUER DURCHS BETT FAND SOGAR MAL WAS AM TAGE STATT.

Weitere Ideen für Streiche findet ihr zum Beispiel auch bei Pinterest, Instagram usw. ...

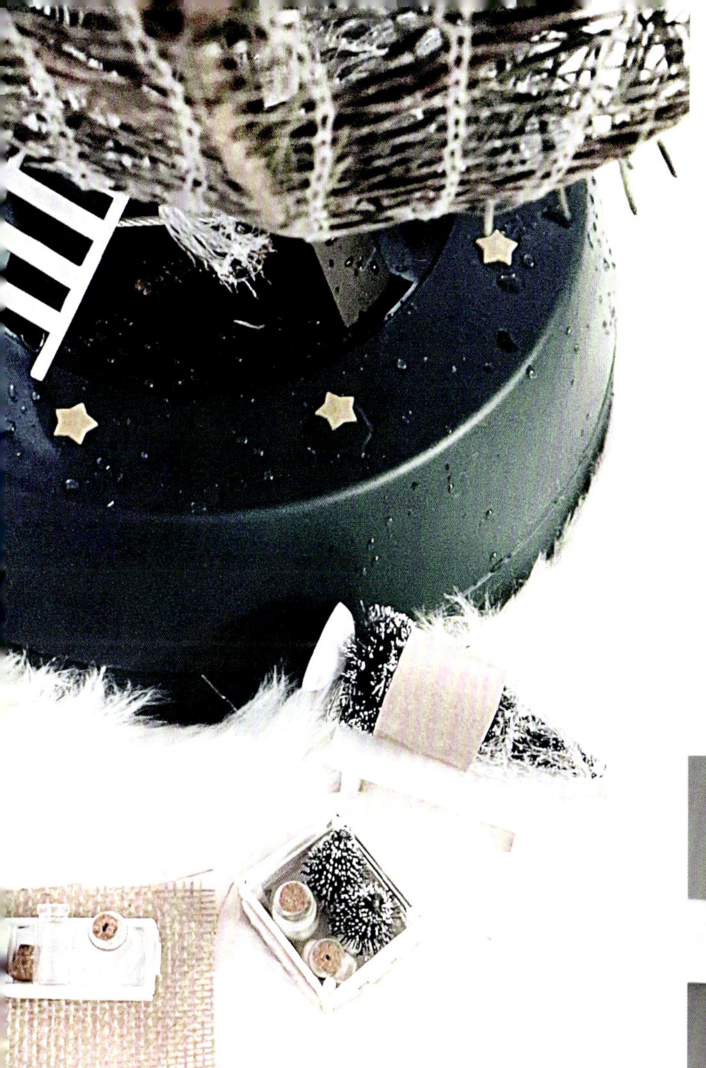

HIER HAT WICHTEL THOMES UNS EINEN WEIHNACHTSBAUM ORGANISIERT. IN SEINEM BRIEF STAND, DASS ER ZUVOR BEI EINER FORTBILDUNG WAR UND DEN PERFEKTEN WACHSTUMSDÜNGER ERSCHAFFEN HAT.

THOMES HAT ES SICH IN UNSEREM KÜCHENSCHRANK GEMÜTLICH GEMACHT UND DAS MÜSLI GEPLÜNDERT. ABER WARUM IST NUR ALLES SO VERSTREUT?

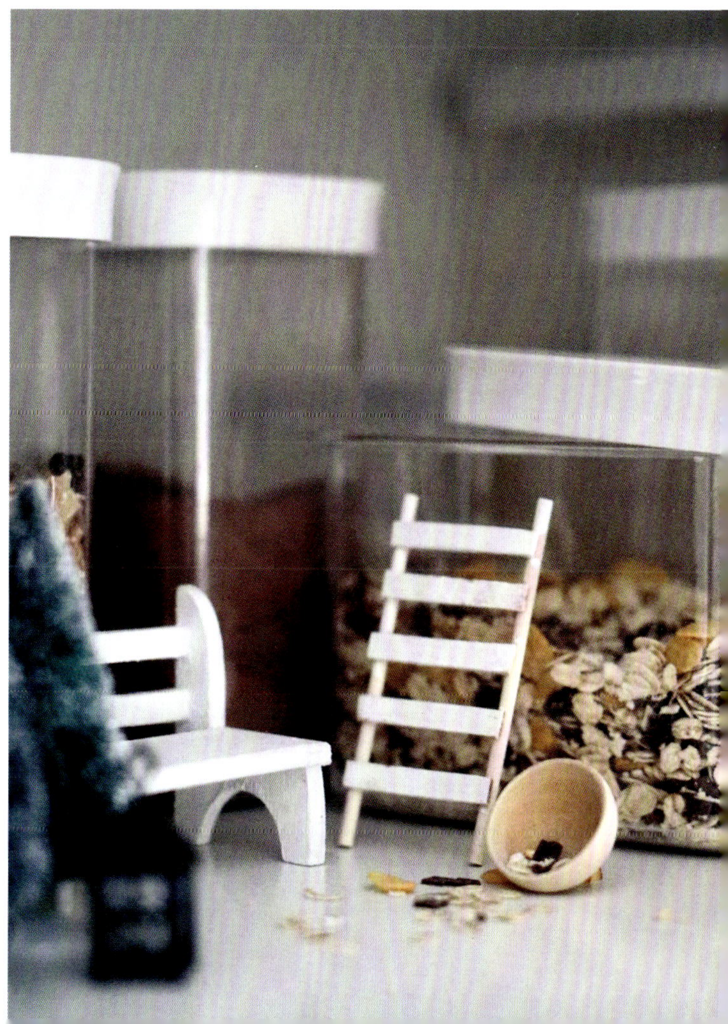

FAST JEDEN ABEND HABEN IHM DIE KINDER EINE KLEINE TASSE MIT MILCH UND ETWAS ZUM ESSEN HINGESTELLT. HIER GAB ES MÜSLI, DAMIT ER UNSERES NICHT WIEDER PLÜNDERN MUSS. THOMES SELBST HAT SICH NACHTS DANN DIE LEITER ANGESTELLT UND AM NÄCHSTEN MORGEN WAR DANN NATÜRLICH ALLES LEER.

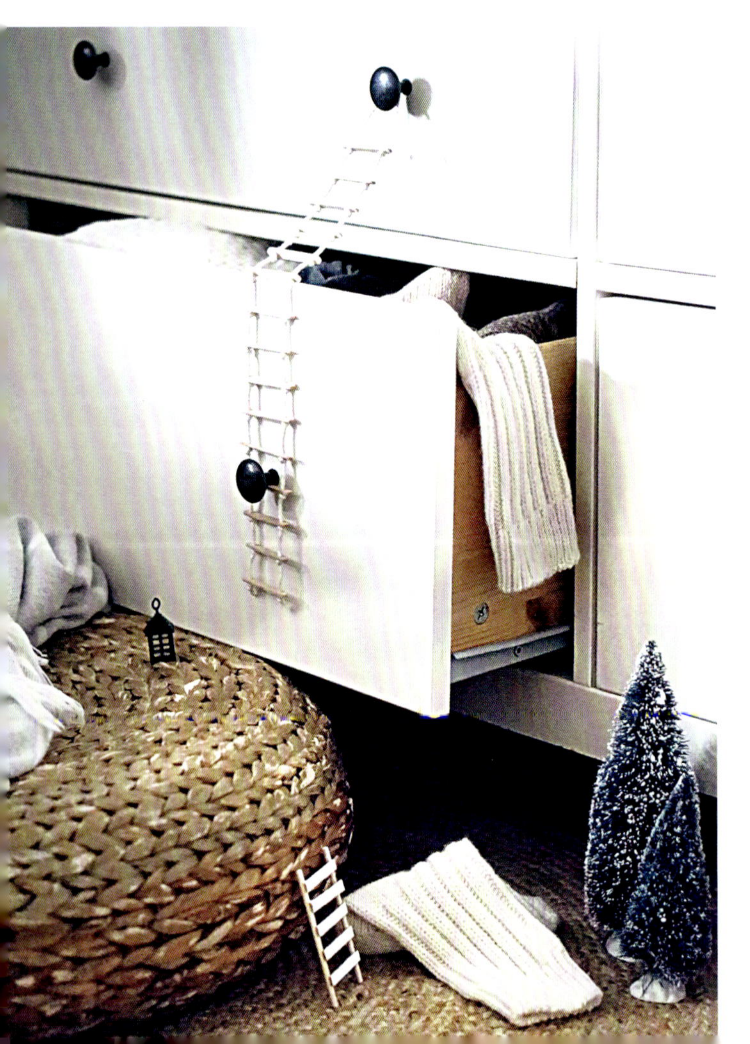

HIER WAR THOMES ABER ORDENTLICH AM WERK, ES FEHLTEN SOGAR SOCKEN, EIN PAAR TAGE SPÄTER TAUCHTEN SIE WIEDER AUF …

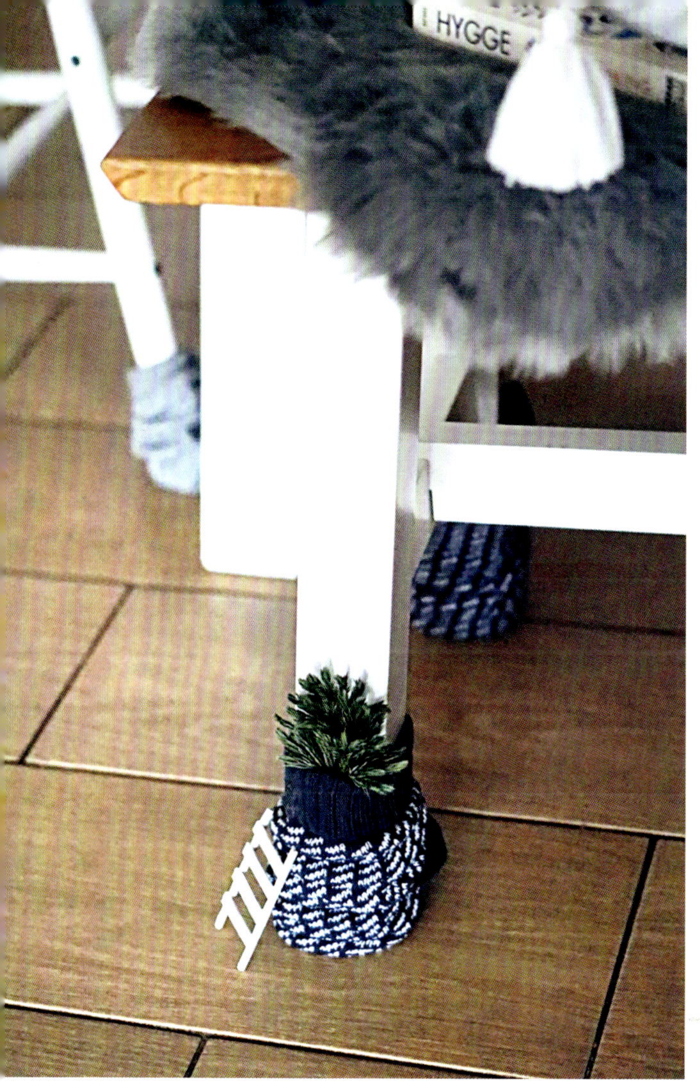

... UND ZWAR HIER. ABER WOZU? IST DAS KUNST? FRIEREN DIE STUHL- UND BANKBEINE? SPÄTER ERKLÄRT ER IN SEINEM BRIEF, DASS ER SIE ZUM SCHUTZ ANGEBRACHT HAT, WEIL ER GERADE EINE NEUE SPORTART AUSPROBIERT.

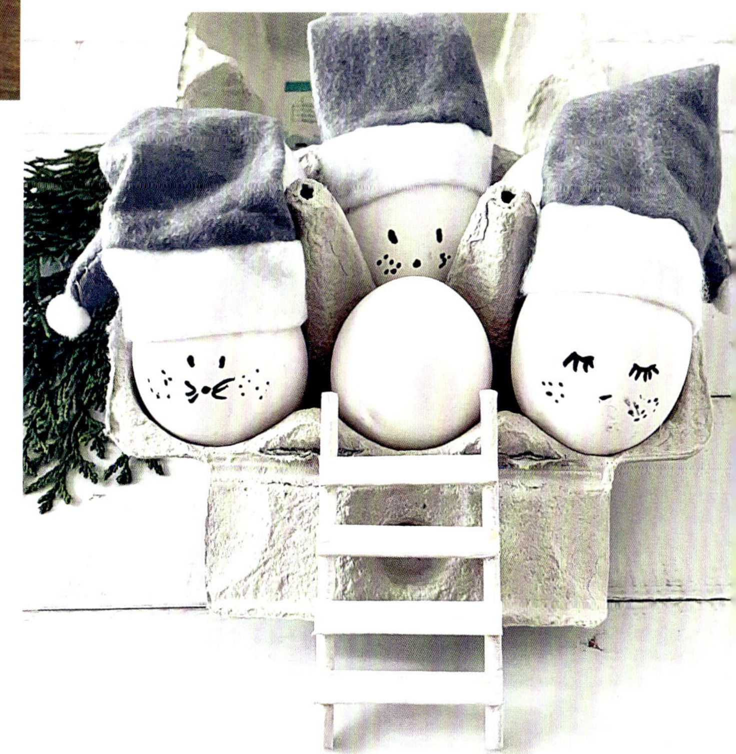

RICHTIG, RICHTIG LUSTIG FANDEN DIE KINDER DIE DEKORIERTEN EIER IM KÜHLSCHRANK.

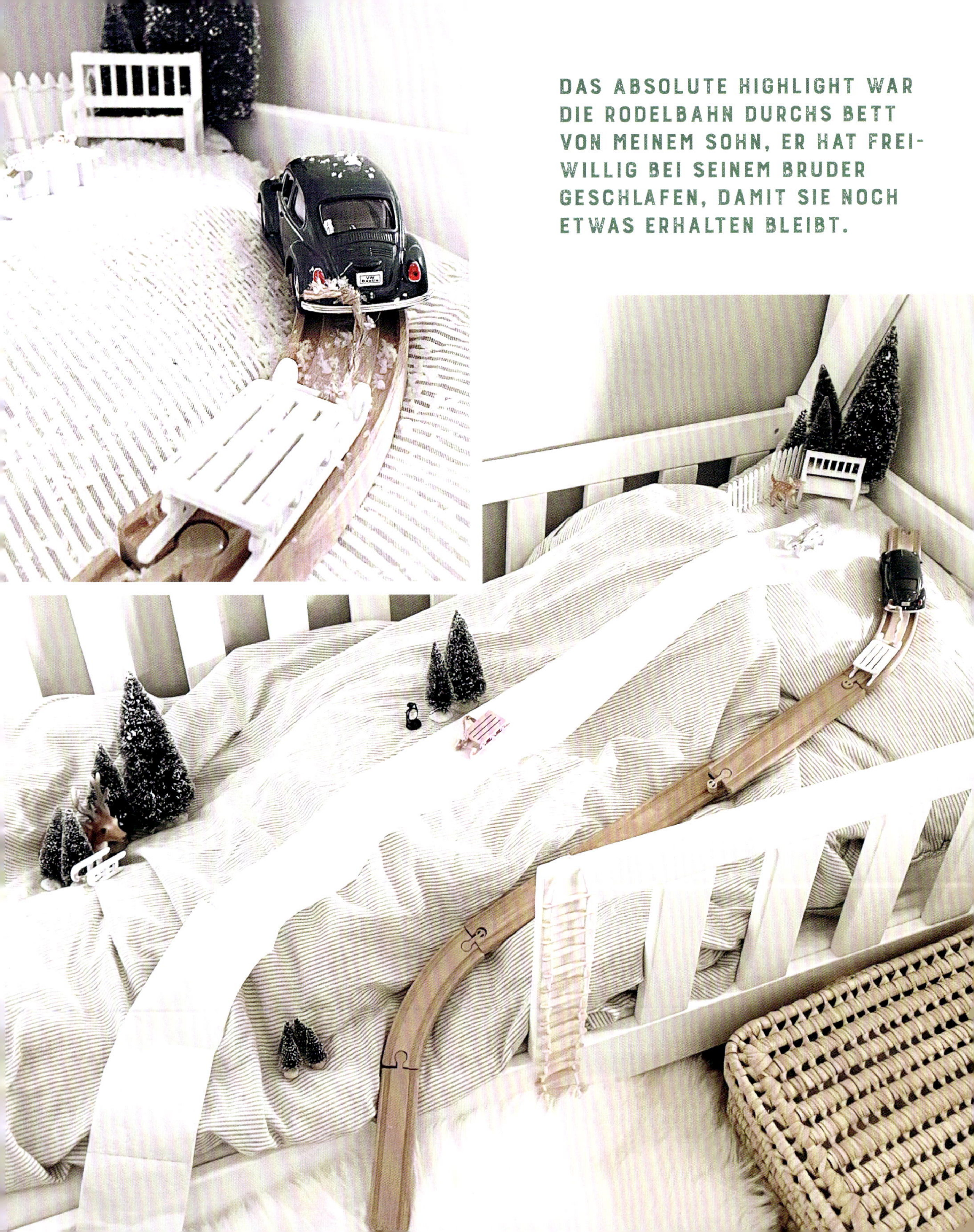

DAS ABSOLUTE HIGHLIGHT WAR DIE RODELBAHN DURCHS BETT VON MEINEM SOHN, ER HAT FREIWILLIG BEI SEINEM BRUDER GESCHLAFEN, DAMIT SIE NOCH ETWAS ERHALTEN BLEIBT.

RICHTUNGSSCHILDER LASSEN SICH SUPER EINFACH AUS 3 SCHMALEN BASTELHÖLZERN MACHEN.

1.
Dazu auf einem die beiden Richtungen einzeichnen und aus einem langen Stück den Stamm fertigen. Auch der Sockel besteht aus 2 Bastelhölzern.

2.
Alles zuschneiden und bei Bedarf glatt schleifen.

3.
Die Teile zusammenkleben und mit Farbe versehen. Wenn alles gut getrocknet ist, beschriften.

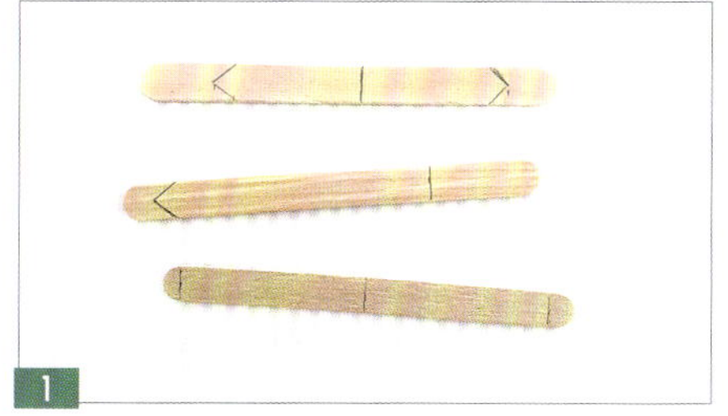
1

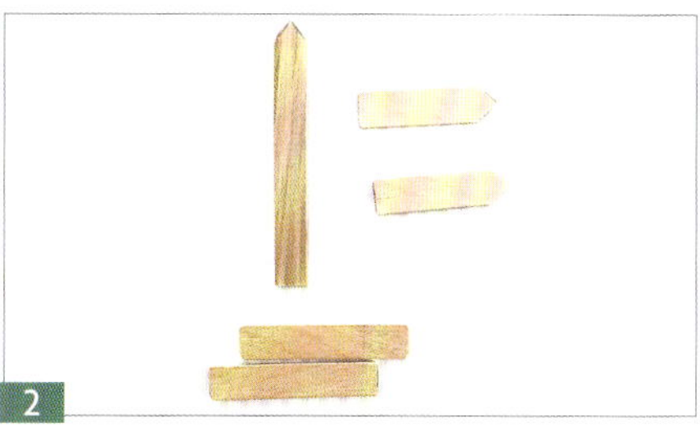
2

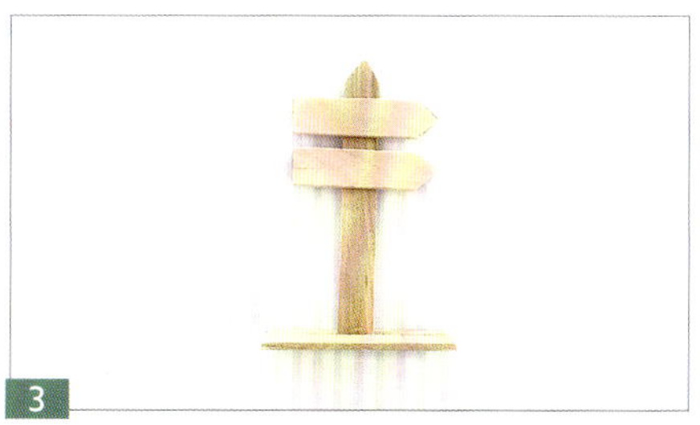
3

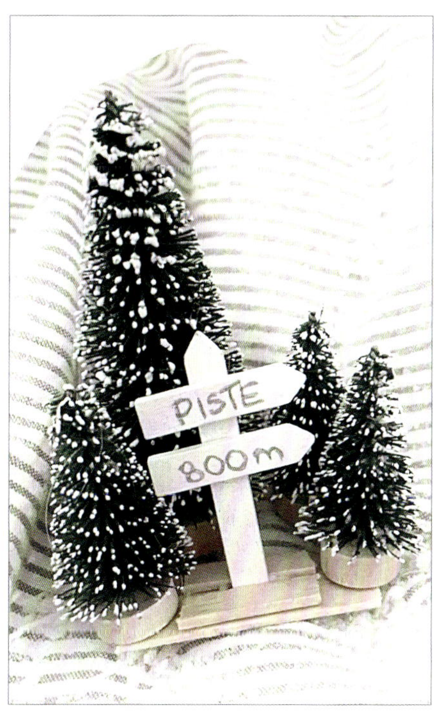

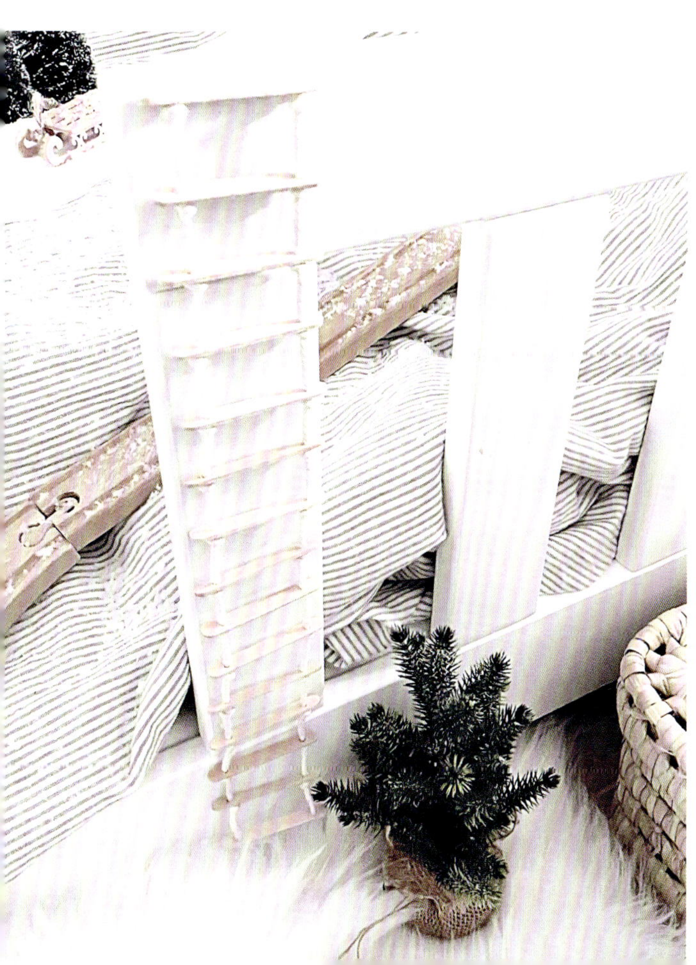

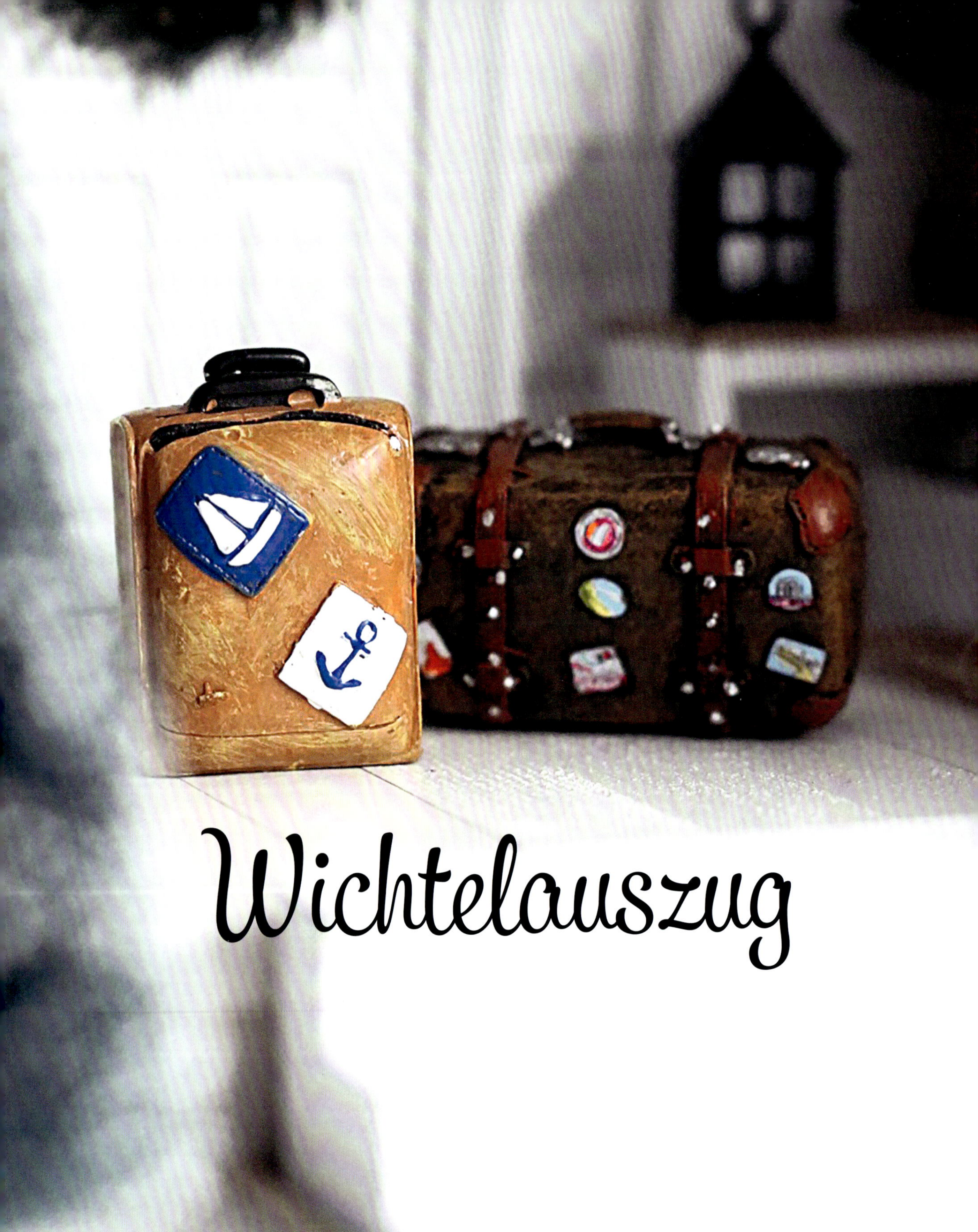

Wichtelauszug

Ein sehr merkwürdiger Tag. Die Kinder wussten, dass unser Wichtel Thomes mit dem Weihnachtsmann abreisen wird, um ihm noch ein wenig zur Hand zu gehen. Deshalb waren sie recht gefasst. Zudem waren sie glücklicherweise den ganzen Abend über so abgelenkt, dass Thomes kein Thema war. Erst am nächsten Morgen wurde es ihnen richtig bewusst: Thomes war weg, seine Stiefel waren auch nicht mehr da.

Es lagen ein Brief, ein paar Fläschchen und zwei kleine Geschenke da. In dem Brief stand, dass er sich sehr wohl bei uns gefühlt habe und er sich jetzt schon auf das nächste Jahr freue und wiederkommen werde. Und dass er den Jungs ein paar Geschenke dagelassen habe, die in den nächsten zwei bis drei Tagen bei entsprechender Pflege noch wachsen würden.

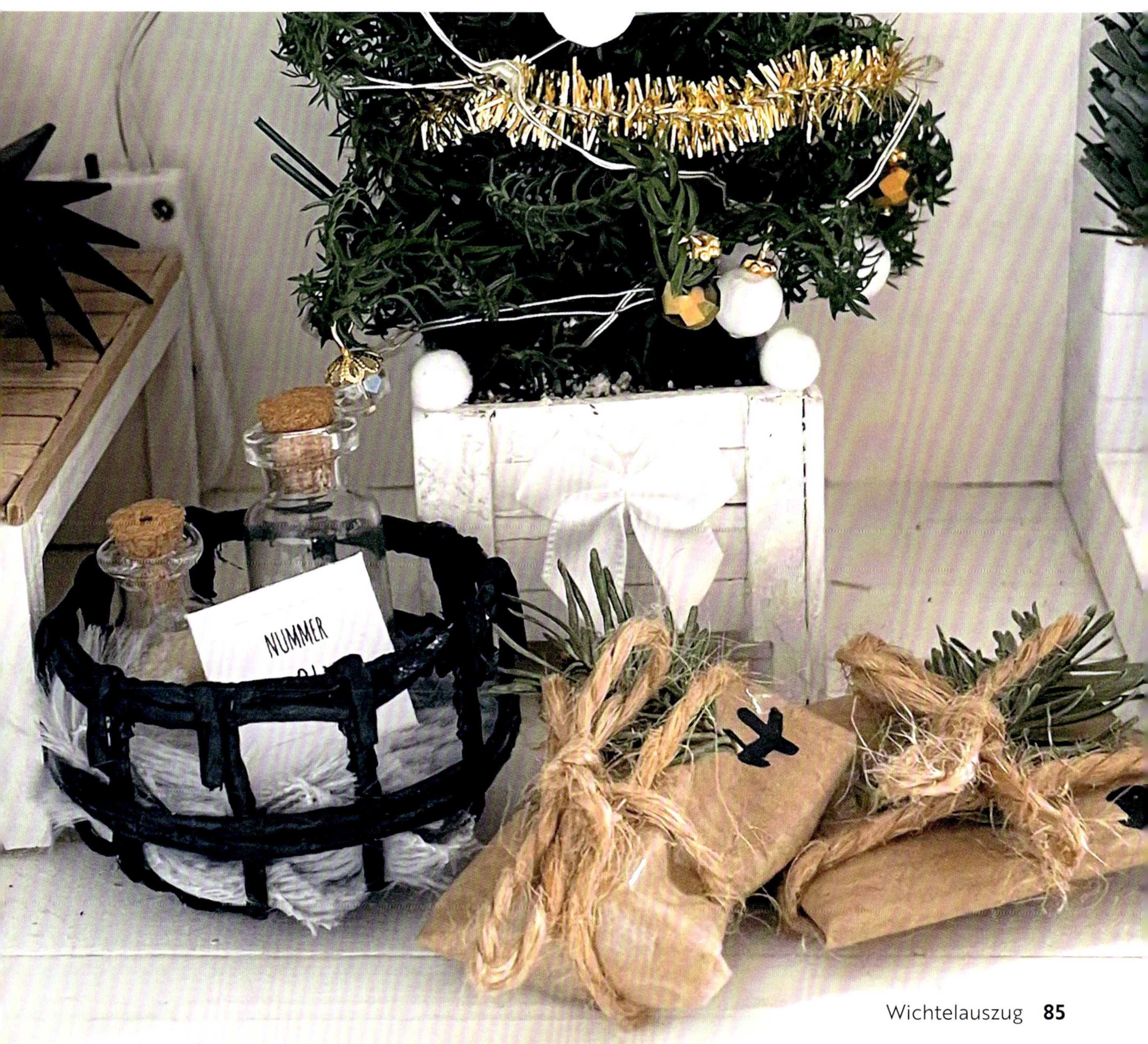

Aufbewahrungsmöglichkeiten

Schon nach unserem ersten Wichteljahr ist einiges zusammengekommen, das sicher verstaut werden will.

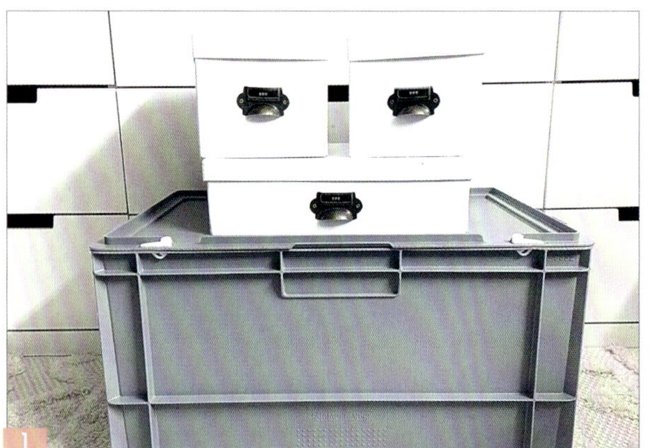

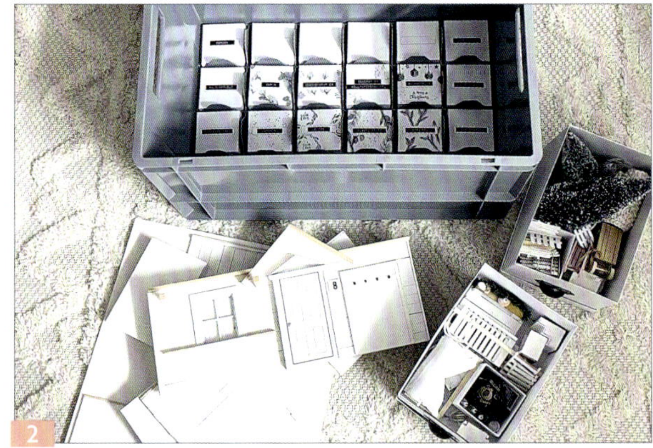

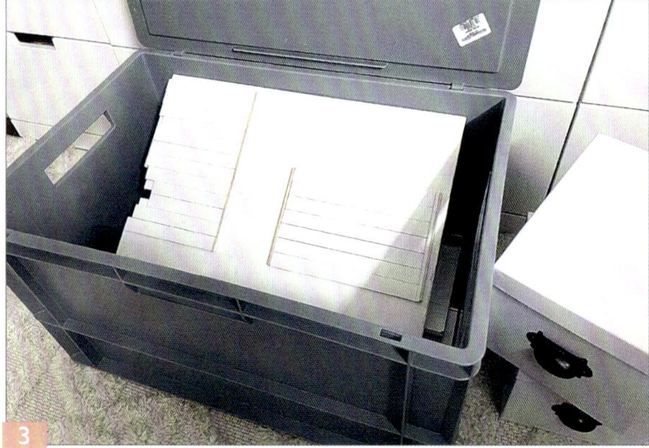

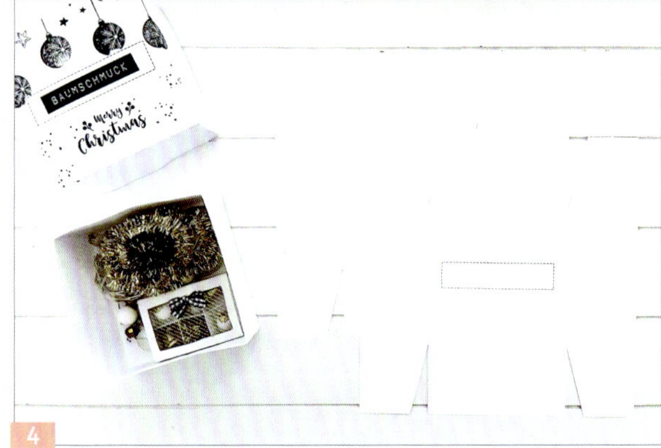

1.

Fürs Erste habe ich mich für eine große Kiste aus dem Baumarkt entschieden, einen sogenannten Eurobehälter. Er misst 60 cm x 40 cm x 32 cm, ist aber in weiteren Größen erhältlich, mit verschiedenen Deckeln und Aufteilungsmöglichkeiten für innen. Dazu habe ich noch 3 Pappkartons gepackt.

2.

In den 2 kleineren weißen Pappkartons sind Dinge verstaut, die zu groß sind, um sie in den Unterteilungen der Kiste zu verstauen, und doch zu klein, um sie direkt in die Kiste zu packen.

3.

Es hat alles seinen Platz gefunden. Und es ist sogar noch etwas Luft.

4.

Für die Inneneinteilung der großen Kiste habe ich eine passende Vorlage erstellt. Diese wird gedruckt und dann ausgeschnitten.

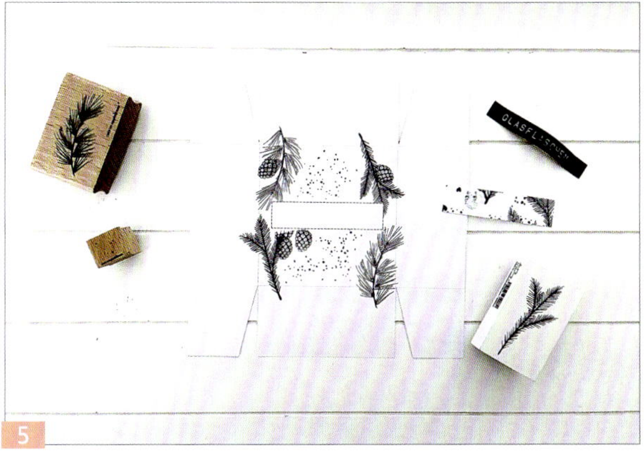

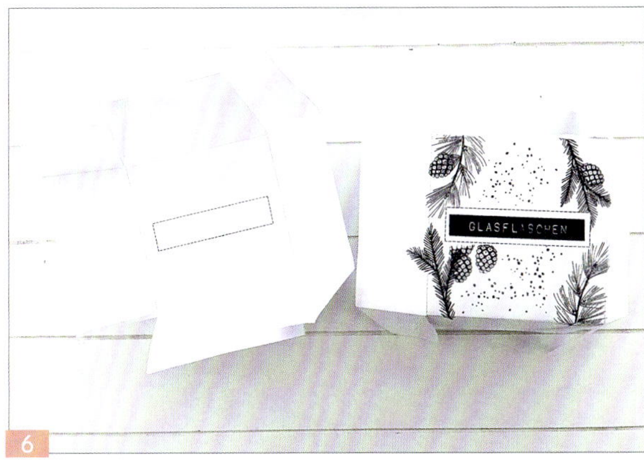

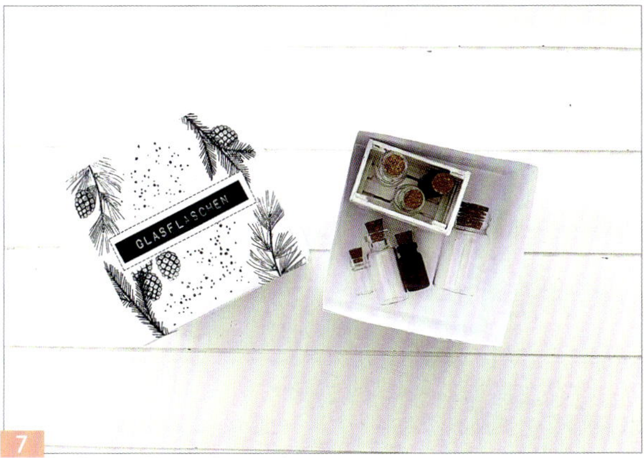

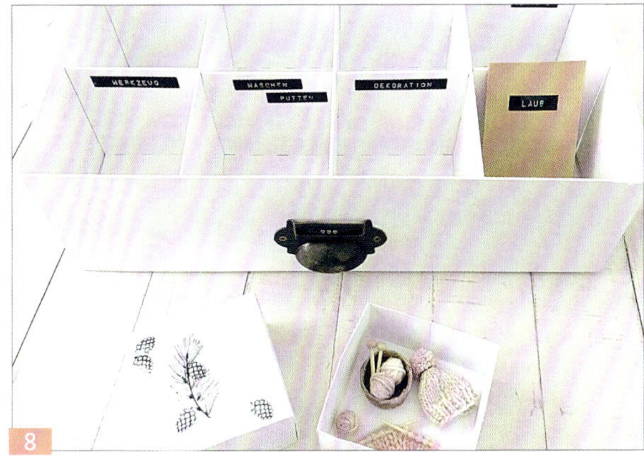

5.

Diese Schachteln können noch nach Herzenslust dekoriert und beschriftet werden.

6.

Natürlich ist es auch möglich, die Schachteln ohne Beschriftungsfeld zu verwenden. Dafür einfach das Oberteil der Schachtel so falten, dass das Beschriftungsfeld innen liegt.

7.

Mit den Maßen 8 cm x 8 cm x 4 cm hat die Schachtel eine gute Größe, um viel verstauen zu können.

8.

Die Maße der Schachteln sind individuell anpassbar über die Druckereinstellung „benutzerdefinierter Maßstab". Sie passt dann auch in andere Unterteilungen. Diese Kiste wurde für Alltägliches benutzt, als der Wichtel aktiv war, damit man nicht immer an die große musste.

Dies ist für mich aktuell die beste Lösung, bis die Wichtelkulisse wieder zum Einsatz kommt. Mein Bauchgefühl sagt mir allerdings, dass das schon ganz bald der Fall sein wird: Das Thema Thomes blieb nämlich noch Wochen nach seinem Auszug aktuell, sodass ich mich entschieden habe, ihn im nächsten Jahr noch vor Weihnachten wieder willkommen zu heißen.

Wenn ihr unsere Reise weiterverfolgen möchtet, folgt mir gern auf Instagram unter hej.wichtelthomes. Dort findet ihr noch weitere Inspirationen, Anleitungen und Ideen. Würde mich jedenfalls sehr freuen.

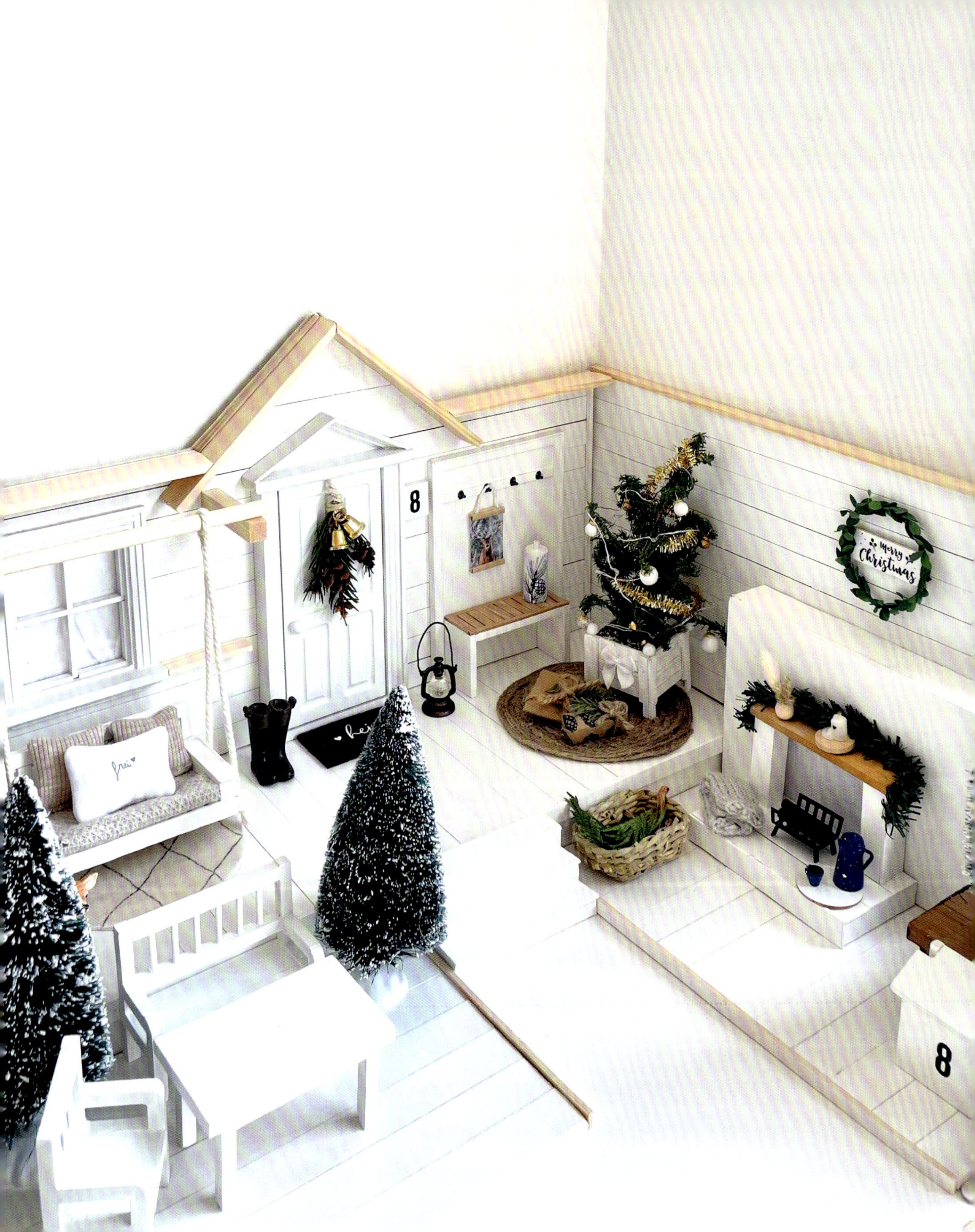
8
Merry Christmas
8

ABSCHLUSS

VITA

Marie Krause, geboren 1984, liebt alles rund um das Thema DIY! Sie lebt mit ihren fünf Kindern, ihrem Mann und Golden Retriever Finni in Hamburg. Neben ihrem wundervollen, manchmal leicht chaotischen Familienleben arbeitet sie als Kinderkrankenschwester im intensivmedizinischen Bereich. Nebenbei geht sie auch ihrer größten Leidenschaft, dem Nähen, nach. Mit den Jahren erstellte sie ihre eigenen Schnittmuster, die sie erfolgreich verkauft.

Bei ihren Recherchen für die Weihnachtszeit ist sie mit unglaublich großer Begeisterung auf das Thema Wichtel für ihre Kinder gestoßen. Getreu dem Motto „Einfach mal machen, könnte ja gut werden" entstanden so mit einfachsten Mitteln nach und nach Dinge aus dem Alltag in Miniaturgröße.

Auf Instagram widmete sie ihrem Wichtel (hej.wichtelthomes) eine eigene Seite. Schnell entstand eine kleine Community mit viel positivem Feedback und großem Interesse an Anleitungen. Damit war die Idee zu diesem Buch geboren.

DANKSAGUNG

Ich möchte mich bei meinen Kindern dafür bedanken, dass sie einfach so großartig sind. Ohne ihre motivierende Begeisterung für den Wichtel wäre all das nicht so geworden wäre, wie es jetzt ist.

Einen besonders großen Dank möchte ich meinem Mann aussprechen, der mir IMMER eine sehr große Stütze ist, mich auf all meinen Wegen so liebenswert begleitet, den Haushalt auch schon mal allein schmeißt und die Kinder bespaßt, während ich völlig out of order an einer Idee sitze.

Bedanken möchte ich mich auch bei Familie Winkel, die mich schon seit Jahren begleitet und mich durch ihre offenen Ohren sehr unterstützt und meine Ideen so begeistert mitverfolgen.

Meiner lieben Nähkollegin Christina von Zucker und Zimt Design danke ich sehr für ihren Zuspruch zu diesem Buch und ihre Unterstützung, wenn ich mal nicht weiterwusste.

Vielen Dank auch an Franziska von Fotografie Heideliebe für das schöne Bild von mir und an Lina Siehling fürs Refreshen.

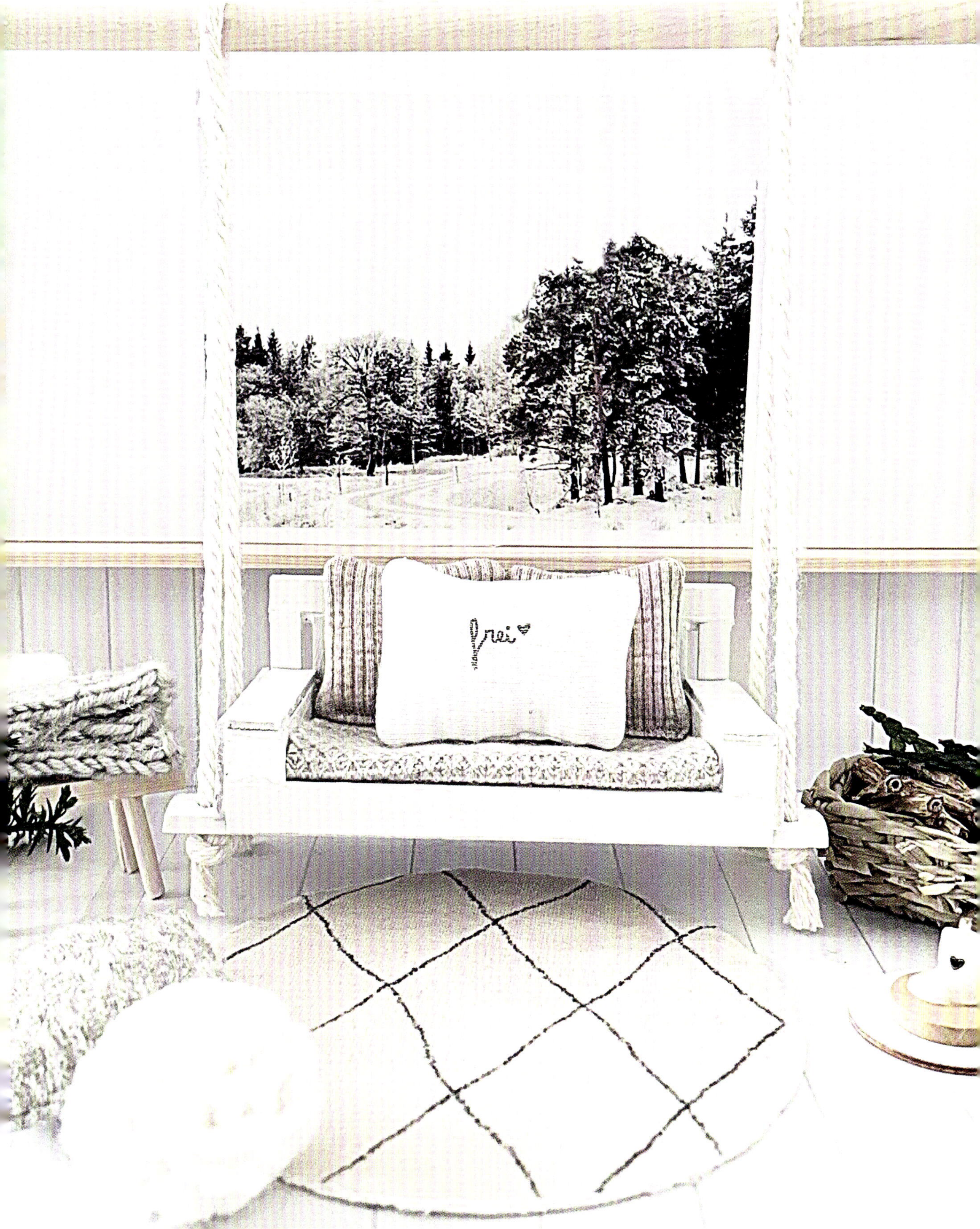
frei

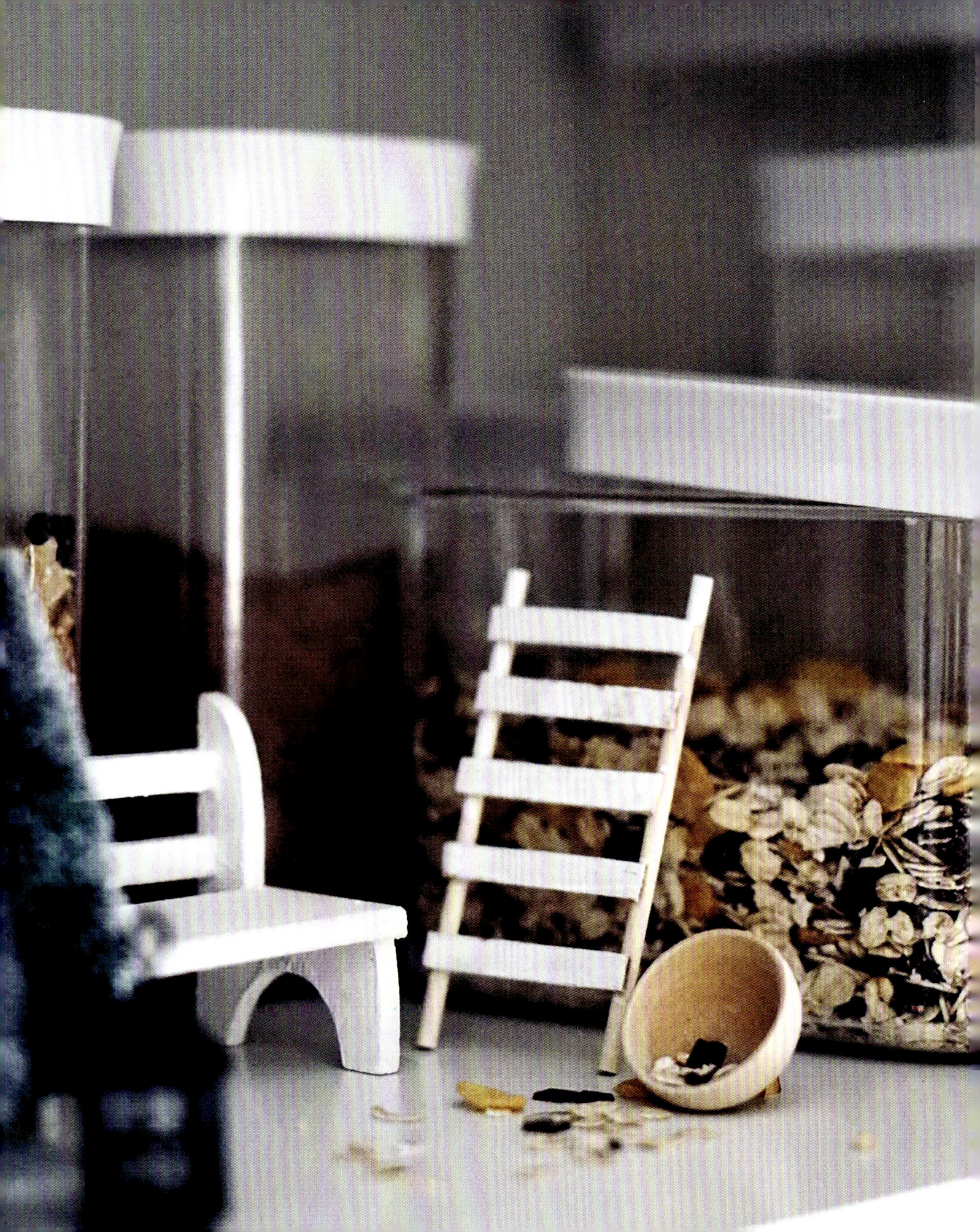

Ebenfalls erhältlich ...

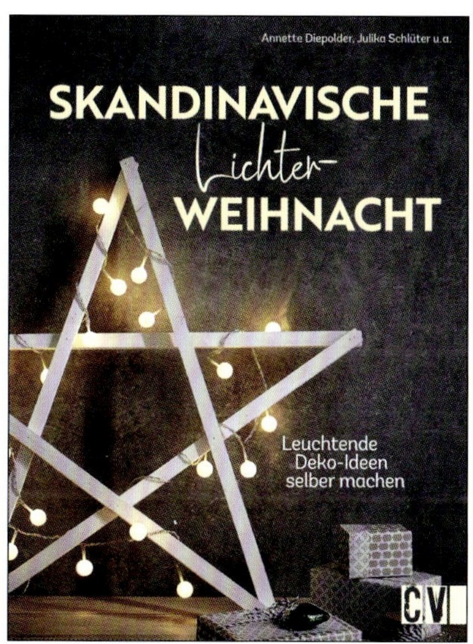

ISBN 978-3-8388-3853-3

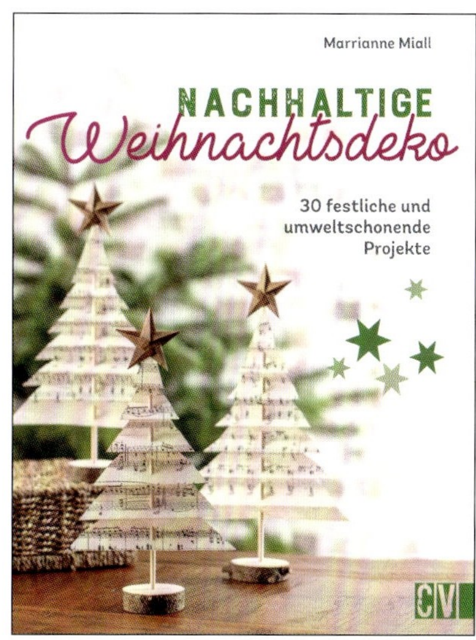

ISBN 978-3-8388-3824-3

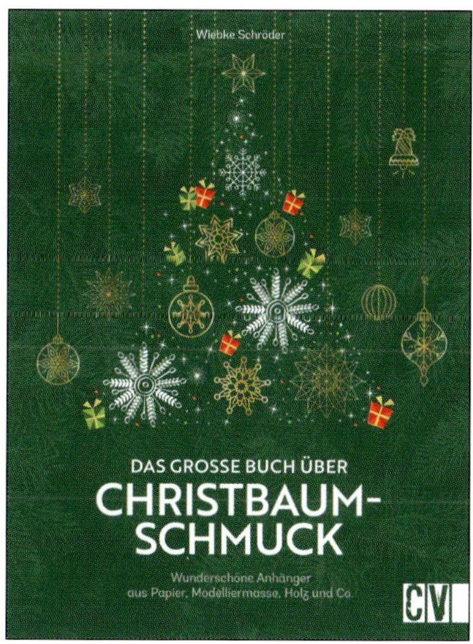

ISBN 978-3-8388-3838-0

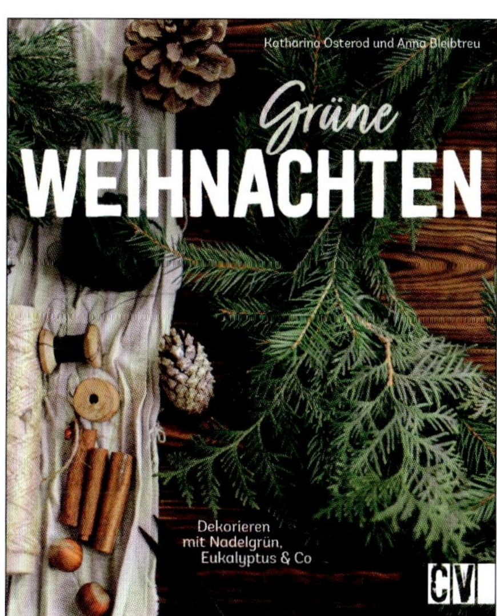

ISBN 978-3-8388-3850-2

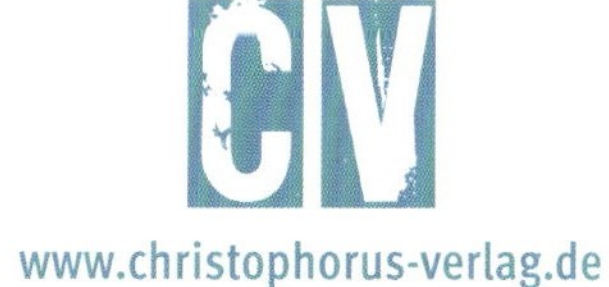

www.christophorus-verlag.de

Impressum

Autorin: Maria Krause
Fotos & Styling: Maria Krause
Foto S.7: Fotografie Heideliebe
Produktmanagement: Svenja Wiglinghaus
Lektorat: Sigrun Borstelmann
Korrektorat: Constanze Lüdicke
Umschlaggestaltung: Louise Lemke
Layoutkonzept und Satz: MXM Digital Service GmbH
Repro: LUDWIG:media
Herstellung: Kathleen Baumann
Printed in Turkey by Elma Basim

Sind Sie mit diesem Titel zufrieden? Dann würden wir uns über Ihre Weiterempfehlung freuen. Erzählen Sie es im Freundeskreis, berichten Sie Ihrem Buchhändler oder bewerten Sie bei Onlinekauf. Und wenn Sie Kritik, Korrekturen, Aktualisierungen haben, freuen wir uns über Ihre Nachricht an: Christian Verlag, Postfach 40 02 09, 80702 München oder per E-Mail an lektorat@verlagshaus.de.

Unser komplettes Programm finden Sie unter

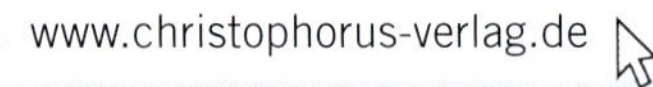

Die Deutsche Nationalbibliothek verzeichnet diese Publikation in der Deutschen Nationalbibliografie; detaillierte bibliografische Daten sind im Internet über https://www.dnb.de/ abrufbar.

2. Auflage 2023

Infanteriestraße 11a
80797 München

ISBN 978-3-8388-3844-1

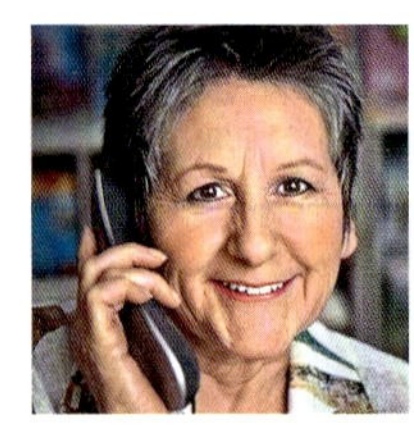

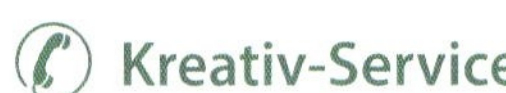

Kreativ-Service

Sie haben Fragen zu den Büchern und Materialien? Frau Erika Noll ist für Sie da und berät Sie rund um alle Kreativthemen. Rufen Sie an! Wir interessieren uns auch für Ihre eigenen Ideen und Anregungen. Sie erreichen Frau Noll per E-Mail: **kreativ-service@c-verlag.de** oder Tel.: **0049 - 89 - 1306 99-577.**

Besuchen Sie uns im Internet: **www.christophorus-verlag.de** und **www.selbstgemacht.de**

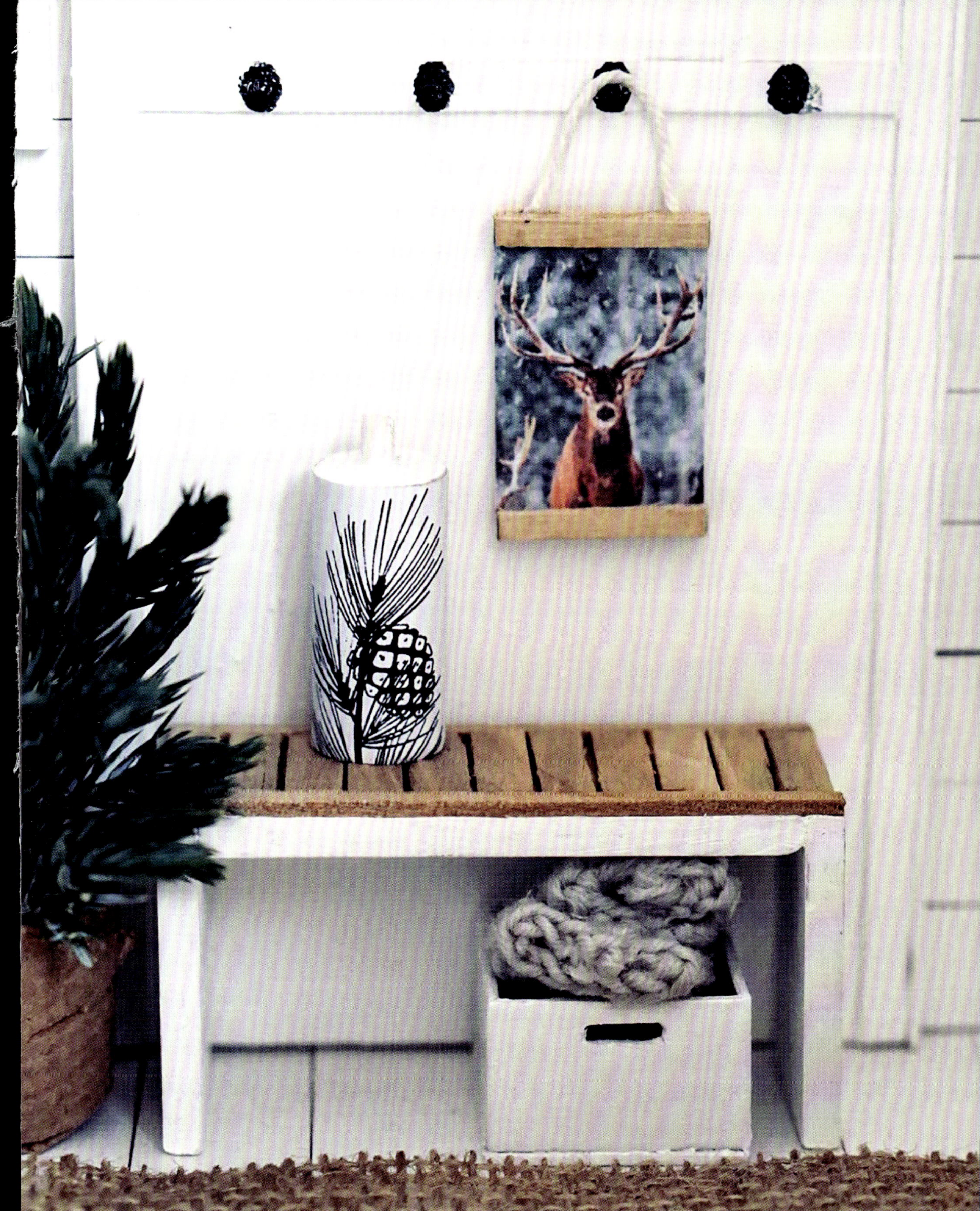